스피노자의 가르침

스피노자의 가르침

: 위대한 철학자의 독백

목차

———

철학은 언제나 우리의 사고를 더 나은 방향으로 이끌어주는 효과적인 지적 도구입니다. 저희는 오랫동안 철학을 공부해오며 철학적 사유가 주는 깊은 통찰에 대한 이해의 중요성을 강하게 느꼈습니다. 사유의 힘이 우리가 세계를 바라보는 방식을 변화시키고, 우리의 삶을 풍요롭고 의미 있는 방향으로 인도하기 때문입니다.

그렇기에, 그동안 철학이 주는 즐거움을 널리 알리기 위해 노력했습니다. 철학을 공부하는 것은 단순히 지적 호기심을 충족시킬 뿐만 아니라 우리가 스스로와 세계에 대해 더 깊이 사고하고, 존재의 근본적인 문제에 대해 더 깊이 고민할 수 있는 기회를 제공합니다. 이렇게 철학적 사유는 우리의 마음과 영혼을 풍부하게 하며, 우리가 삶의 다양한 측면을 더 깊이 이해하도록 도와줍니다.

그러므로 이 책을 통해 정말 많은 영감을 주었던 철학자 한 명의 사상과 그 사유의 과정을 소개하려고 합니다. 그는 바로 현대 철학과 사상에 지대한 영향을 끼친 철학자 중 한 명인 바뤼흐 스피노자입니다. 17세기의 스피노자는 그의 생각과 감정을 논증과 대화의 형식으로 담아낸 작품인 '에티카'를 통해 우리에게 위대한 철학적 유산을 전달했습니다. 그의 철학은 오늘날에도 여전히 우리에게 깊은 의미를 전달하고 있으며, 이 책은 그의 사상을 현대적 관점에서 다시 생각하고자 하는 분들을 위해 준비되었습니다.

이 책은 스피노자가 스스로 자신의 철학을 설명하며 마치 독백하는 듯한 형식으로 구성되었습니다. 우리는 스피노자가 직접 말하는 듯한 철학적 논지를 따라가며 그의 생각과 함께 고민하고, 그의 감정을 공감하며 철학적 여정을 함께 할 것입니다. 스피노자의 생애와 시대적 배경부터 시작하여 자연, 인간 본성, 사회, 지식, 영원성에 이르기까지 다양한 철학적 주제를 다루면서 그의 철학을 조명할 것입니다.

이 과정에서 여러분은 신과 우주의 본질 그리고 우리 자신에 대해 깊이 사유할 것입니다. 스피노자의 철학을 바탕으로 우리는 인간 존재의 근본적인 질문들에 대해 탐색하고, 이를 통해 우리의 인식과 삶에 대한 깊은 이해를 추구할 것입니다. 또한 스피노자의 사상은 단순한 철학적 탐구를 넘어서, 삶의 본질적인 의미와 목적에 대해 근본적인 통찰을 제공합니다. 따라서 이 과정을 통해 우리는 지적 탐구와 영적 여정이 어떻게 우리의 존재와 삶에 긍정적인 변화를 가져올 수 있는지도 탐색할 것입니다.

이러한 지식을 더 쉽게 전달하기 위해 스피노자의 철학을 실용적인 관점에서 바라보고자 했습니다. 그러므로 철학적 지식에 더하여 그의 생각이 다양한 문제와 상황에 어떻게 적용될 수 있는지, 그의 메시지가 우리에게 어떤 울림을 주는지 탐구할 것입니다. 스피노자의 철학은 시대를 초월한 목소리로 우리에게 다가와 있으며, 그의 사상은 여전히 우리의 사고와 행동에 영향을 미치고 있습니다.

그럼으로써 스피노자의 사상 전개 과정에 참여하여, 그의 메시지를 이해하고 받아들이기 바랍니다. 이 과정은 여러분의 사고를 확장시키고, 진리를 더 깊게 탐구하도록 도와줄 것입니다.

이제, 위대한 철학자인 스피노자의 독백을 시작합니다. 그럼 즐거운 사유의 시간을 보내십시오. 감사합니다.

바르고 유용한 지식을 전달하기 위해 노력하는
팀 구텐베르크의
팀장 **김민성**

스피노자,
시대를 초월한 목소리

스피노자의 생애와 시대적 배경 소개

스피노자는 1632년 암스테르담의 유대계 이민자 가정에서 태어 난 네덜란드의 철학자입니다. 그가 출생한 시기는 유럽 역사의 전환기인 종교와 철학 사상의 격동기였습니다. 그래서 스피노자 의 생애는 종교 박해와 지식 탐구의 열망이 교차하는 시대적 상 황 속에서 펼쳐졌습니다.

스피노자의 사상은 17세기 유럽의 정치적, 종교적 혼란 속에서 형성되었습니다. 당시 유럽은 종교 개혁의 여파로 칼빈주의, 가톨 릭, 프로테스탄티즘 간의 갈등이 극심했습니다. 네덜란드는 이러한 종교적 갈등을 배경으로 종교적 관용의 토양을 마련했고, 이는 스 피노자의 사상적 자유를 키우는 데 중요한 역할을 했습니다.

어린 시절에 스피노자는 전통적인 유대교 교육을 받았으나, 약관의 나이에 라틴어와 네덜란드 문화에 매료되었습니다. 그는 세속적인 학문과 철학, 특히 데카르트의 사상에 깊은 관심을 보 였는데 그러한 사상이 유대교의 교리에 어긋나 유대교 정통파와 의 갈등의 원인이 되었습니다.

이후 스피노자는 자신의 철학적 탐구를 계속하면서도 유대 공동체와의 갈등을 겪었습니다. 그래서 결국 1656년에 그는 유대 공동체에서 추방되었으며, 독립적인 철학자로서의 삶을 살게 됩니다. 이 시기에 그는 자신의 주요 저작인 '에티카'를 집필하기 시작했습니다.

'에티카'는 스피노자의 사상을 집대성한 작품으로, 그의 사후인 1677년에 출판되었습니다. 이 책은 자연철학, 인식론, 윤리학을 아우르며, 신과 자연의 본성에 대한 깊은 통찰을 담고 있습니다.

스피노자는 당시의 철학적, 종교적 규범에 도전했던 인물입니다. 그는 신과 자연이 동일하다는 범신론적 관점을 제시했으며, 이는 종교적 교리와 철학적 전통에 대한 대담한 도전이었습니다. 그의 사상은 자유 의지, 결정론, 윤리적 삶에 대한 당대의 이해에 지대한 영향을 끼쳤습니다.

스피노자의 사상은 시대를 초월하여 현대 사회에도 여전히 중요한 의미를 지니고 있습니다. 그의 철학은 인간 본성에 대한 깊은 이해를 추구하는 모든 이들에게 영감을 제공합니다.

책의 목적과 구조 설명

이 책을 통해 스피노자의 철학을 현대적 맥락에서 조명하고자 합니다. 우리는 스피노자의 사상을 단순히 역사적 유산으로만 여기지 않고, 현재 우리의 삶과 사회, 윤리에 어떻게 적용될 수 있는지를 탐구할 것입니다. 스피노자의 사상은 자연과 인간, 윤리와 자유, 지식과 진리 등 다양한 주제에 걸쳐 깊이 있는 통찰을 제공합니다.

이를 명확히 전달하고 스피노자의 철학에 대한 접근성을 최대한 높이기 위해 이 책에서는 스피노자가 직접 독자에게 말하는 듯 하는 구어체를 활용했습니다. 스피노자가 천천히 자신의 논리를 전개하는 방식에 따라 여러분들은 더 쉽게 스피노자의 철학을 습득할 수 있을 것입니다.

또한 이러한 방식을 통해 스피노자의 사상을 현대적 언어와 문맥으로 재해석함으로써, 그의 사상을 더 넓은 독자층에게 소개하고 이해하기 쉽게 만드는 것을 목표로 했습니다. 스피노자의 철학적 사상은 난해할 수 있으므로, 가능한 한 그의 핵심 사상을 명료하고 접근하기 쉬운 형태로 전달하고자 했습니다.

결과적으로 스피노자의 철학이 개인적, 사회적 차원에서 어떻게 해석되고 적용될 수 있는지를 탐색함으로써, 독자들에게 현대 생활 속에서 의미있는 철학적 성찰의 기회를 제공하고자 합니다.

　이를 통해 스피노자의 사상이 단지 과거의 유산이 아니라, 오늘날 우리의 삶을 풍요롭게 하는 지적 자산으로 자리매김하길 기대합니다.

제1부

—

스피노자,
존재의 근원을 탐구하다

< 스피노자의 가르침 >

1.
자연과 신
: 범신론의 기초

...

1.1. 스피노자의 범신론

● 범신론, 자연법칙이 곧 신이다

범신론은 모든 것이 신이며 신이 곧 모든 것이라는 관념이다. 나는 이 세계가 단순한 신의 창조물이 아니라 신 그 자체라고 생각한다. 이러한 생각은 고대 철학자들로부터 시작되어, 중세를 거쳐 현대에 이르기까지 다양한 형태로 발전해왔다. 헤라클레이토스와 스토아 철학자들이 자연과 신의 일체성을 주장했던 것처럼, 나 역시 모든 존재가 하나의 신성한 본질을 공유한다고 보는 것이다. 범신론은 신이 우주 안에 존재하는 것이 아니라 우주 자체가 신이라는 근본적인 인식을 제공하는데, 이 관념은 종교적, 철학적 탐구의 영역에서 깊은 변화를 가져왔다.

먼저 어떻게 세계가 곧 신이라는 결론에 도달했는가? 기존의 철학자들은 모든 것의 원인을 규명하려 했다. 그리고 그들은 규명을 위한 다양한 노력 끝에 모든 것을 탄생시킨 근본적인 원인을 '신'이라고 명명했다.

그러나 이들의 결론에는 명확한 한계가 있었다. 만약 신이 모든 것의 시작이라면, 신의 시작은 무엇이라는 말인가? 대체 신을 창조한 실체는 무엇이라는 말인가? 결국 모든 것의 원인이라는 신의 정의와 존재의 본질적 속성을 고려할 때, 이 질문에 대한 답은 신이 자신을 스스로 만들어냈어야 한다는 것이었다. 즉, 신은 자기 자신의 원인이다.

이러한 해답에 대해 나는 조금 더 깊게 생각했다. 만약 신이 자기 자신을 만들었다면, 신의 실체는 그대로이며 단지 모습이 달라졌을 뿐이다. 즉, 이는 신이 자기 자신을 재창조한 것이다. 이때 신의 실체는 동일하므로 신은 곧 변화한 것이라고 볼 수 있다.

그렇다면 신이 변화했다는 것은 어떤 의미인가? 나는 신이 변화했다는 개념을 명료화하기 위해 변화에 대해 사유했다. 변화는 크게 세 부분으로 나눌 수 있다. 변화의 대상, 그 변화를 일으키는 작용 그리고 변화의 결과이다. 나는 변화를 일으키는 작용을 '변용', 변화의 결과를 '양태'라고 불렀다.

즉, '변용'은 변화를 일으키는 것이고 '양태'는 그 결과다. 예를 들어, 음식은 요리라는 변용을 통해 식재료로부터 나타나므로 식재료의 '양태'인 것이다. 그렇다면 식재료는 본질인가? 아니다. 식재료 또한 자연이 변용하여 발생한 양태이다. 뿐만 아니라 대부분의 산물 역시 자연으로부터 발생한다. 그렇다면 자연은 모든 것의 시작인가? 그것 또한 아니다. 자연도 다른 것들에 의존한다. 이렇게 거슬러 올라가다 보면 우리는 결국 모든 것의 본질에 닿게 된다. 이 모든 것의 본질이 바로 '실체'이다. 실체란 다른 어느 것에도 의존하지 않고 독립적으로 존재하는 것을 뜻한다. 본질인 실체는 자기 자신이 원인으로 존재할 수 밖에 없다.

근본적인 본질인 실체를 나는 '낳는 자연'이라고 부른다. 이것은 무한히 변화하며 모든 자연 만물을 만든다. '낳는 자연'에 의해 만들어진 것들은 '낳아진 자연'이다. 하지만 궁극적으로 이 둘은 같다. 왜냐하면 '낳아진 자연'도 자신의 힘으로 다른 것들을 만들기 때문이다. 즉, '낳는 자연'과 '낳아진 자연'은 분리된 것이 아니다. 각각의 자연은 다른 자연을 만든 주체인 동시에 그 결과다. 우리는 그 경계를 구분할 수 없다. 즉, 실체와 실체로부터 변용된 양태를 구분할 수 없는 것이다.

이 실체는 우리가 '신'이라고 부르는 것이다. 이 실체는 유일하며, 다른 모든 것은 이 실체에서 나온 양태들이다. 이 과정에서 신은 동일하게 지속된다. 그런데 '낳는 자연'과 '낳아진 자연'

을 구분할 수 없는 상황에서 신이 모든 것의 시작이라면, 결국 모든 것은 신이 그저 변화한 것이며 재창조된 것에 불과하다. 이것은 신과 세상이 하나라는 것을 의미한다. 따라서 신은 세상과 동일한 일원적 존재이며, 신은 세상의 내재적 원인이다.

예를 들면 바다를 모든 것의 본질이자 원인인 신으로 가정해 보자. 이때 바다는 광대하고 변함없는 실체로서, 자연과 신의 본질을 상징한다. 바람에 의해 광대한 바다에서 끊임없이 나타나는 다양한 물결은 자연 현상과 개별적인 존재들을 표상한다. 그러나 바다 없이는 물결이 존재할 수 없듯이, 자연 현상과 존재들도 신 없이는 존재할 수 없다. 또한 우리는 바다에 표상된 물결을 바다와 구분할 수 없다. 즉, 물결은 바다가 변용한 양태에 불과하며, 물결은 또 다시 다른 양태들을 생성한다. 이것은 우리가 인식할 수 있는 모든 것이 결국 최초의 원인인 신이 변용된 것에 불과하다는 통찰을 준다.

또한 우리는 양태들이 새로운 양태를 생성한다는 개념에서 우주의 모든 것은 상호 연결되어 있다는 통찰을 얻을 수 있다. 이 연결성은 우주와 자연에 대한 이해도를 높여 주는 핵심적인 개념이다.

이렇듯 범신론은 단순히 신과 세계가 공존한다는 개념을 넘어선다. 이는 신이 세계를 초월하는 존재가 아니라, 세계 자체임을 의미한다. 이것은 중요한 차이점이다. 이러한 범신론적 시각은 세계와 우리 자신을 바라보는 방식에 근본적인 변화를 가져온다.

고대 철학과 중세 신학을 거치며, 범신론이라는 개념은 다양한 형태로 해석되어 왔다. 고대 그리스 철학자들은 자연과 신의 관계를 다루었고, 중세의 기독교 신학자들은 이러한 관념을 신학적 틀 안에서 재해석했다. 그러나 나의 접근 방식은 이러한 전통적 관념과 다르다. 나는 신이 별도의 초월적 존재가 아니라 우리가 경험하는 모든 것, 즉 자연 그 자체라고 믿기 때문이다.

나는 이 책을 통해 이러한 범신론의 깊은 의미와 그것이 오늘날 우리에게 가져다주는 시사점을 탐구할 것이다.

● 범신론과 기존 종교적 관념

전통적인 종교들은 신을 초월적이고 개별적인 존재로 본다. 그들은 신이 우주를 창조하고, 우주 밖에서 그것을 관리한다고 믿는다. 그러나 나는 이러한 관점을 거부한다. 내가 보기에 신과 세계는 구분되지 않는다. 신은 세계를 창조한 것이 아니라, 세계 그 자체다.

신이 세계라는 관점은 신이 인간의 행동을 외부에서 지시하거나 판단하는 존재가 아니라는 것을 의미한다. 대신에 신은 우리가 살아가는 세계 자체이며, 우리 모두는 그 신성한 본질이자 본질의 일부다. 이러한 관점은 인간의 존재와 행위를 근본적으로 다른 방식으로 바라보게 한다. 이 관점에서 우리는 외부적인 신의 명령을 따르는 존재가 아니라, 신성을 내면화한 존재로서 자유롭게 행동한다. 즉, 우리는 우리의 의지를 자유롭게 표상시킬 절대적 권리를 가진다.

이러한 사상은 기존 종교들이 제시하는 신과 세계, 인간의 관계를 재구성한다. 신과 인간 사이에 드러나는 근본적인 분리성은 범신론에서 완전히 사라진다. 우리는 신성한 우주의 일부이며, 우리의 모든 행위는 이 거대한 우주적 질서의 일부가 된다. 이는 종교적, 철학적 사유의 새로운 지평을 열어준다. 이것이 신을 우리가 경험하는 모든 것의 본질로 보는 것이다. 이것은 종교적인 관점에서 혁명적인 발상이다. 인간을 신의 내재적인 일부로 이해한다는 개념은 존재하지 않던 개념이기 때문이다.

신은 우리 안에 있고, 우리를 통해 표현된다는 급진적이며 반종교적인 관점으로 인해 나는 어린 시절부터 관계를 맺어온 종교 공동체로부터 파문을 당하기도 했다. 그러나 그러한 사회적 파멸과 멸시조차도 내가 진리를 탐구하는 것을 막지는 못한다.

그것은 이러한 혁신적인 관점이 인간의 자유와 책임에 대한 새로운 이해를 가져오기 때문이다. 그리고 그러한 사상적 개념은 후대에 전달되며 새로운 진리의 풍요를 이끈다.

이처럼 범신론에서는 각 개인이 신성을 내면화하고, 그에 따라 행동한다는 개념이 중요하다. 인간은 신의 지배를 받는 존재가 아니라, 신성을 내포한 존재로서 자신의 행동을 결정한다.

1.2. 신과 자연의 일체성

● 자연과 신의 관계에 대한 범신론적 탐구

자연과 신의 관계에 대해 탐구한다는 것은, 자연의 본질에 대한 근본적인 질문을 던지는 것이다. 일반적으로 자연은 우리가 감각할 수 있는 모든 것을 포함하는 외부 세계를 뜻한다. 하지만 나는 자연을 더 광범위하게 해석한다. 내게 자연은 단순히 물리적 세계가 아니라, 모든 것의 본질인 신성함의 다른 표현이다. 따라서 신과 자연은 같은 것이며, 이것 또한 바로 범신론의 핵심이다.

신과 자연이 하나라면, 자연에 속한 우리의 삶과 행동 또한 신의 일부이며 우리가 경험하는 모든 것은 자연의 다양한 표현이 될 것이다. 이는 단순히 우주를 이해하는 것을 넘어서, 우리의 삶, 윤리 그리고 정신의 본질을 이해하는 데 중요한 역할을 한다.

자연과 신의 관계는 단순히 천문학적이며 물리적인 우주에 대한 이해를 넘어서는 것이다. 그것은 우리가 존재하는 방식을 본질적인 방식으로 드러낸다. 우리의 감각 체계를 상회하는 개념인 자연 또한 결국 신에 속한다는 것은 우리가 인지하는 모든 것이 하나의 본질에서 변용되었다는 것을 의미하기 때문이다. 이러한 개념을 통해 우리는 자신과 우리가 살고 있는 세계에 대한 더 깊은 이해에 도달할 수 있다. 즉, 우주의 본질을 알게되는 것이다.

이처럼 모든 자연 현상과 존재들은 신의 존재를 반영한다. 따라서 자연의 본질을 이해하는 것은 신의 다양한 측면을 이해하는 것과 동일하며, 자연의 모든 현상과 원리들은 궁극적으로 신의 속성을 나타낸다.

자연을 단순히 물리적 현상의 집합을 넘어선다. 자연은 신성한 질서의 표현이며, 우리가 경험하는 모든 것은 이 신성한 질서의 일부다. 자연 속에서 우리는 신의 존재를 볼 수 있다. 자연의 법칙은 곧 신의 법칙이다. 신은 자연을 통해 우리에게 드러난다. 이것은 상호작용이 아니라, 동일함의 표현이다. 그러므로 신과 자연 사이의 상호작용을 논하는 것은 의미가 없다. 왜냐하면 그들은 서로 다른 두 대상이 아니라, 같은 실체의 두 면이기 때문이다. 신은 자연 속에서 작용하고, 자연은 그 자체로 신의 존재를 나타낸다.

따라서 우리는 신과 자연이 어떻게 상호작용하는지 묻는 대신, 어떻게 이 하나의 실체 속에서 살아가는지 물어야 한다. 우리가 경험하는 모든 것인 우리의 감정, 생각, 행동은 이 하나의 실체인 자연과 신의 표현이기 때문이다.

이렇게 자연과 신의 일체성은 세계와 우리 자신을 바라보는 방식을 변화시키며, 이러한 변화는 우리의 삶과 사고에 깊은 영

스피노자의 가르침

향을 미친다

1.3. 범신론의 윤리적 및 사회적 함의

● 범신론의 윤리적 의미

나는 모든 존재가 자연, 즉 신과 일체임을 인식하면서 우리의 윤리적 행동이 어떻게 정의되어야 하는지 고민해왔다. 범신론은 우리가 기존에 정의하는 삶과 행동에 대한 윤리관을 재정의한다.

범신론에서는 모든 행위가 신성한 우주의 일부로서 의미를 갖는다. 이는 우리의 모든 행동이 신성함을 갖고 있으므로, 단순히 개인적 차원을 초월하여 우주적 차원에서 중요함을 의미한다. 따라서 우리는 우리의 행동이 우주와 어떤 관계를 맺고 있는지를 항상 고려해야 한다. 우리의 모든 행위는 신성한 우주의 조화와 균형에 기여하거나 해를 끼칠 수 있다.

이러한 윤리적 관점은 타인과 세계와의 관계를 연결성을 토대로 바라보게 해준다. 우리는 타인을 단순히 다른 개체로 보는 것이 아니라, 우리 자신과 동일한 신성한 본질을 가진 존재로 인식할 수 있게 된다. 이는 상호 존중과 이해의 근거가 된다. 우리는 서로를 돌보고 서로의 존재를 존중하는 것이 단지 도덕적 의무가 아니라, 우주적 질서의 일부임을 깨닫게 되는 것이다. 모든 것이 신성하다고 보는 범신론의 관점에서 우리는 모든 존재에 대해 경외의 태도를 가져야 한다.

이 범신론적 윤리관은 우리가 직면하는 도전과 문제에 대한 해결책을 찾는 데에도 영향을 미친다. 사회나 종교 갈등과 같은 문제들은 종종 분리된 사건으로 간주되지만, 범신론적 관점에서 보면 이러한 문제들은 더 큰 우주적 질서의 일부로서 서로 연결되어 있다. 우리의 행동 하나하나가 지니는 신성함을 인식함으로써, 우리는 이러한 문제들에 대한 보다 통합적이고 지속 가능한 해결책을 모색할 수 있다. 우리가 자연과의 깊은 연결성을 인식하고 그에 따라 행동할 때, 우리는 더욱 조화롭고 공정한 세상을 만들어나갈 수 있는 토대를 마련한다. 이러한 관점은 우리가 단순히 현재에 집중하는 것을 넘어서, 미래 세대를 위한 지속 가능한 삶을 추구하도록 인도한다. 우리의 각각의 선택과 행동이 더 큰 우주적 질서에 어떤 영향을 미치는지 고려함으로써, 우리는 보다 의식적이고 책임감 있는 존재로 성장하게 된다.

범신론은 이처럼 사회적 관계와 공동체에 대한 새로운 이해를 제공한다. 우리는 개별적인 존재들이 아니라, 서로 연결된 신성한 우주의 일부로서 살아가야 한다. 이는 우리가 공동체 내에서 어떻게 행동해야 하는지에 대한 통찰을 제공한다. 우리는 공동체의 조화와 복지를 위해 노력해야 하며, 우리의 행동이 공동체 전체에 영향을 미친다는 것을 인식해야 한다는 것이다. 그럼

스피노자의 가르침

으로써 우리는 우리의 행동이 단순히 개인적 결과를 초래하는 것이 아니라, 우주적 질서에 기여하는 것임을 이해하며 책임감 있게 행동하게 된다.

우리가 살아가는 이 세계, 우리가 만나는 모든 존재는 신성하다. 따라서 우리의 모든 행위는 이러한 신성에 대한 존중의 태도를 반영해야 한다. 이는 인간관계 뿐만 아니라 환경과 동물, 심지어 우리가 일상에서 만나는 모든 것에 대한 태도에도 영향을 미친다. 우리의 행동 하나하나가 우주의 조화를 이루는 데 기여한다는 인식은 우리로 하여금 보다 책임감 있는 삶을 살도록 이끈다.

이러한 윤리적 관점은 우리로 하여금 개인주의와 자아 중심적 사고를 넘어서게 한다. 우리는 단독으로 존재하는 개체가 아니라, 서로 연결된 신성한 존재들의 관계망 안에서 살아가기 때문이다. 이는 우리의 선택과 행동이 단지 개인적인 영향을 미치는 것이 아니라, 우리를 둘러싼 모든 존재에게 영향을 미친다는 것을 의미한다. 따라서 우리는 우리의 행동이 가져올 결과를 고려해야 한다.

● 사회 및 공동체에 대한 범신론의 영향

범신론의 관점에서 사회와 공동체를 바라봄으로써, 우리가 함께 살아가는 방식을 깊이 있게 성찰할 수 있다. 모든 존재가 서로 연결되어 있으며 연결성이 사회와 공동체의 기본 구조를 이룬다는 관점에서, 범신론은 개인과 공동체의 관계에 대한 새로운 이해를 제공한다. 우리는 고립된 존재가 아니라, 서로 의존하고 상호 작용하는 존재들이다.

범신론은 공동체 내에서 각 개인의 역할과 책임을 새롭게 정의한다. 각 개인은 공동체의 일부로서, 자신의 행동이 공동체 전체에 영향을 미친다는 사실을 인식해야 한다. 이는 공동체 내에서의 협력과 조화를 중요시하는 윤리적 태도를 필요로 한다. 우리는 서로를 도와주고, 서로의 복지를 고려하는 것이 단지 선한 행동이 아니라, 공동체의 일원으로서의 우리의 책임이라고 볼 수 있다.

또한 범신론적 접근은 사회와 공동체를 신성한 본질이라는 모든 것의 원인 하에 자신의 존재와 동일시함으로써 공정성과 정의에 대한 새로운 관점을 제공한다. 우리 모두가 서로 연결되어 있고, 모두가 신성한 존재라는 인식은 모든 개인이 공정하고 정의로운 대우를 받아야 함을 설파한다. 이는 사회적 약자에 대한 보호와 지원, 모든 개인의 권리와 존엄성에 대한 존중을 중요하게 만든다.

2.
무한한 존재
: 무한성에 대한 고찰

…

2.1. 무한성의 개념과 해석

● 무한성의 철학적 정의

범신론을 더 깊게 이해하기 위해서는 무한성의 개념을 탐구해보아야 한다. 무한성에 대한 철학적 탐구 또한 우주와 존재의 근본적인 본질을 이해하려는 노력이다. 무한성이란, 한계나 경계가 없음을 의미한다. 이는 자연과 자연에 있는 모든 것이 본질이라는 특성 하에 어떠한 경계도 가지지 않고, 끝없이 확장될 수 있음을 나타낸다. 즉, 무한성은 단순히 크기나 양에 대한 것이 아니라, 존재의 본질과 근본적인 특성의 제한 없는 확장을 나타낸다.

범신론의 영역에서 무한성은 '신' 혹은 '자연'과 깊은 연관이 있다. 신 혹은 자연은 모든 것을 포함하며, 모든 것은 그 안에서 표현되기 때문이다. 이 실체는 무한하며, 모든 존재와 현상은 이 무한한 실체의 일부이다.

모든 존재와 현상이 무한한 실체에 속한다는 것은 일반적으로 인식되는 우리의 행동, 생각, 감정 또한 무한한 실체에 포함된다는 것이다. 따라서 우리가 경험하는 모든 것은 이 무한한 실체의 표현이며 무한성은 경계와 한계를 제거하므로, 우리의 경험과 감각 또한 제한 없이 지속적으로 변화하며 드러나는 것이다. 이는 단순한 수학적 개념을 넘어서, 존재의 근본적인 특성을 지칭한다.

우주는 끝없이 넓고 무한한 공간이며, 그 안에는 수많은 별들이 존재한다. 여기에서 우주는 모든 것의 원인인 '신'이나 '자연'을 나타내며, 우주에 빛나는 각각의 별은 우주 안의 개별적인 존재나 현상들을 대표한다고 가정할 수 있다. 우주는 별들을 포함하고 그것들을 지탱하는 광대한 배경이기 때문이다. 마찬가지로 무한한 실체는 모든 것을 포함하며, 우리가 경험하는 모든 것은 이 무한한 실체의 일부이다.

나는 이처럼 모든 존재인 우주 자체가 무한하다고 본다. 이 무한성은 단순히 크기나 양에 대한 개념이 아니라, 본질적인 질적 특성을 의미한다. 그렇다면 우주의 무한함을 담보하는 본질적인 세계의 특성은 무엇인가?

그것은 바로 우주의 특성을 표상하는 근본적인 주체인 실체가 무한하다는 것이다. 신 혹은 자연은 어떠한 한계도 가지지 않

스피노자의 가르침

으므로 그것의 표현인 우주 역시 무한하다. 이것은 우주가 어떤 인위적인 경계를 가지지 않고, 계속해서 확장될 수 있는 본성을 가지고 있다는 것을 의미한다.

모든 것은 무한한 존재 안에서 발생하고, 무한한 존재로부터 그 의미를 찾는다. 따라서 우리의 인식과 이해도 끊임없이 확장되어야 한다. 무한성에 대한 철학적 정의는 이처럼 모든 존재가 연결되어 있고, 무한성이 우리의 삶과 사유에 대한 근본적인 영향을 미친다는 사실을 드러낸다.

● 무한성의 본질

무한성은 존재의 근본적인 특성이다. 이는 서로 연결되어 있으며, 영원히 변화하고 확장하는 우주의 본질을 반영한다. 무한성은 우리가 경험하는 모든 것에 내재되어 있으며, 우주와 존재의 모든 측면에서 나타난다.

이러한 특성으로 인해 무한성의 본질은 우주가 단순히 물리적 공간의 연속이 아니라, 실체의 연속적인 표현임을 의미한다.

실체는 그 자체로 완전하고, 자기 자신의 원인이며, 영원히 무한하다. 무한성의 본질이 실체의 연속적인 표현이라는 것은, 무한한 실체가 지속적으로 자신을 다양한 형태로 표현하고 있다는 것을 의미한다. 그러므로 모든 존재와 현상은 이 무한한 실체의 연속적인 표현이며, 이로 인해 존재하는 모든 것은 무한하다.

또한 무한성의 본질은 또한 인간의 인식과 이해의 한계를 초월한다. 실체의 연속적인 표현성을 인간이 완전히 인식하는 것은 우리가 실체의 일부에 불과하다는 내재적 한계로 인해 불가능하다. 따라서 우주의 무한한 본질을 완전히 이해하거나 설명하는 것은 인간의 이해를 넘어서는 일이다. 그러나 이러한 인식의 한계에도 불구하고, 우리는 무한한 우주에 대한 이해를 지속적으로 확장해 나갈 수 있다. 무한한 우주에 대한 우리의 이해를 확장하는 것은, 우리 자신과 우리가 속한 세계에 대한 깊은 이해를 통해 이루어진다. 이는 우리의 지식과 사유가 항상 확장될 수 있는 가능성을 내포한다.

따라서 무한성의 본질은 우리가 세계를 인식하고 이해하는 방식에 근본적인 변화를 가져온다. 무한한 우주는 단순히 크기나 시간의 무한함이 아니라, 존재와 현상의 무한한 가능성을 의미하며, 이러한 무한성은 우리의 사고와 인식을 제한하는 경계를 넘어선다. 우리는 우주의 무한한 본질을 통해 새로운 차원의 이해와 지식에 도달할 수 있다. 이 사실은 우리가 삶과 우주를 대하는 태도에 영향을 미친다. 우리는 무한한 우주 속에서 끊임없이 변화하고 발전하는 존재들이다. 이는 우리의 삶이 단지 현재에 국한되지 않으며, 우리의 가능성과 잠재력도 무한하다는 것을 의미한다는 것을 전달하기 때문이다. 우리는 우리 자신과 우리가 살아가는 세계에 대해 더 넓은 관점에서 생각하고, 더 큰 잠재력을 추구할 수 있다.

이렇듯 무한성은 우리가 타인과 세계와의 관계를 바라보는 방식을 변화시킨다. 이 무한한 실체는 우주와 그 안에 있는 모든 존재의 근본이며 우주의 모든 존재, 모든 사물과 현상은 이 무한한 실체의 다양한 양태로 나타난다. 이 양태들은 실체의 다양한 표현이며, 각각은 실체의 무한한 본질을 공유한다. 따라서 우주의 모든 존재가 무한한 본질을 공유한다는 인식은 우리로 하여금 타인과 세계에 대해 더욱 개방적이고 포용적인 태도를 취하게 한다.

2.2. 무한성과 인간 인식의 한계

● 인간 인식의 한계와 무한성의 이해

언급한 바와 같이 인간의 인식에는 분명한 한계가 있다. 우리는 무한한 우주를 완전히 이해하거나 파악할 수 없다. 이러한 한계는 우리의 인식과 이해가 시간과 공간 그리고 우리 자신의 경험에 의해 제한되기 때문이다. 이것은 내재된 인지 능력의 제한에서 비롯되는 것이다. 그러므로 우리는 우주의 모든 것을 알거나 이해할 수 없다는 것을 인정해야 한다. 이렇게 무한성에 대한 인간 인식의 한계를 인정하는 것은 우리가 삶과 우주를 바라보는 방식에 영향을 미친다. 무한성에 대한 이해는 인식론적 한계에 대한 이해로 이어져 인간의 인식 수준에 대한 겸손을 가르치기 때문이다. 그럼으로써 우리는 우리가 이해할 수 있는 것을 넘어서는 우주의 광대함과 복잡성을 수용할 수 있게 된다. 이러한 인식은 우리로 하여금 더 넓은 시야로 세계를 바라보게 하며, 우리의 사유와 탐구를 더 깊고 폭넓게 만든다.

그러나 우리의 지식과 인식이 늘 불완전하다는 것이, 우리가 실체에 대한 탐구를 멈춰야 한다는 뜻은 아니다. 우리는 무한한 우주 속에서 끊임없이 배우고, 탐구하고, 성장하는 존재들이다. 인식의 한계에도 불구하고, 나는 무한성에 대한 이해 수준을 높일 수 있다고 본다. 무한한 우주의 본질을 완전히 파악할 수는 없지만, 우리는 그 본질에 접근하고 그것에 대해 더 깊이 생각하고 이해할 수 있기 때문이다. 무한성의 본질에 대한 우리의 탐구는 결코 완료될 수 없으며, 우리는 항상 새로운 지식과 이해를 추구하는 여정에 있다.

이를 종합하면 인간 인식의 한계와 무한성은 우리가 세계와 존재에 대해 항상 더 깊이 생각하고 탐구해야 한다는 것을 의미한다. 우리는 우리가 이해할 수 있는 것을 넘어서는 세계의 깊이와 복잡성을 인정하고, 이를 통해 우리의 지식과 인식을 끊임없이 확장해 나가야 한다. 나는 이러한 태도가 우리의 삶과 사고에 깊은 영향을 미치고, 우리가 살아가는 세계에 대해 더 많은 지식을 얻고 더 깊은 수준의 이해를 제공할 것이라고 생각한다.

스피노자의 가르침

● 사유에 대한 인식론적 접근

그렇다면 우리의 지식과 이해는 인식적으로 어떻게 형성되고 확장되는가? 나는 우리의 인식이 경험과 이성을 통해 형성된다고 본다. 경험과 이성은 우리가 세계를 인식하는 가장 핵심적인 방식이다. 우리는 경험을 통해 세계를 관찰하고, 이성을 사용하여 우리가 관찰한 것을 해석한다.

인식론은 우리의 지식이 끊임없이 변화하고 확장될 수 있음을 전제한다. 무한성에 대한 탐구에서 깨달은 바와 같이, 우리는 완전한 지식을 가질 수 없으며, 우리의 이해는 항상 발전하고 성장하는 과정에 있다. 이것은 우리가 새로운 경험과 정보를 접할 때마다 우리의 이해가 변화하고 발전할 수 있음을 의미한다.

또한 나는 우리의 인식이 주관적이며, 우리 각자의 경험과 맥락에 의해 영향을 받는다고 본다. 이는 우리가 세계를 바라보는 방식이 우리 자신의 경험과 배경에 따라 다를 수 있음을 의미한다. 이러한 인식론적 관점은 우리로 하여금 다양한 관점을 인정하고, 타인의 경험과 이해에 개방적인 상태를 유지하도록 한다.

따라서 우리는 경험하고 관찰하는 것을 끊임없이 비판적으로 분석해야 한다. 이는 우리의 인식이 우리의 관점과 전제에 의해 형성되며, 이러한 관점과 전제는 항상 재검토될 수 있음에 기인한다. 우리의 지식은 고정된 것이 아니라, 지속적으로 발전하고 변화하는 과정에 있다.

이렇게 지식에 대한 비고정적 특성이 형성된 토대는 우리의 이해가 우리의 이성과 경험에 의해 제한되기 때문이다. 우리는 우리의 이성을 사용하여 세계를 이해하려 하지만, 우리의 이성도 우리의 경험과 맥락에 의해 영향을 받는다. 이는 우리가 세계를 이해하는 방식이 완전하거나 객관적일 수 없음을 의미한다. 그러므로 우리의 인식과 이해는 항상 개인적인 경험과 맥락에 뿌리를 두고 있다.

2.3. 무한성의 윤리적 및 존재론적 함의

● 무한한 존재의 윤리적 의미
우리는 깊은 성찰을 통해 무한성에 결부된 존재의 윤리적 의미를 탐구할 수 있다.

실체의 연결성은 우리의 윤리적 행동에 중요한 기준을 제공한다. 무한한 우주의 일부로서, 우리의 모든 행동은 무한한 존재에 영향을 미치므로 우리는 자신의 행위가 우주에 미치는 영향을 항상 고려해야 한다.

무한성에 결부된 존재의 윤리적 의미를 인식한다는 것은 타인과 세계에 대해 책임감 있는 태도를 가져야 함을 의미한다. 우리의 모든 행동은 무한한 우주의 균형과 조화에 영향을 미치기 때문이다. 이러한 인식은 타인과의 관계와 우리가 살아가는 환경 그리고 우리가 일상에서 만나는 모든 것에 대해 더 깊은 책임감을 가져야 함을 의미한다.

또한 무한한 실체의 일부로서, 우리의 삶과 존재가 실체와 깊은 연관이 있다는 것을 인식해야 한다. 이는 우리의 삶이 단순히 개인적인 차원을 넘어, 더 큰 우주적 질서와 연결되어 있음을 의미한다. 우리는 삶을 우주적 관점에서 바라보고, 행동이 실체와 어떤 관계를 맺고 있는지를 고려해야 한다.

결국 무한한 존재의 윤리적 의미를 이해하는 것은 우리의 삶이 한 개인에게 국한되지 않는다는 통찰을 제공한다. 우리는 우리 자신과 타인, 그리고 우리를 둘러싼 세계에 대해 더 깊은 책임감을 가지고 행동해야 한다. 이러한 윤리적 인식은 우리의 삶과 사유에 근본적인 변화를 가져오고, 우리가 살아가는 세계에 대한 더 깊은 이해와 존중을 제공한다.

● 존재론적 관점에서 본 무한성의 중요성

우리는 무한성의 중요성을 이해하기 위해 존재론적 관점에서도 우주와 존재의 근본적인 본질에 대해 성찰할 수 있다.

이러한 사유는 우리 자신과 우리가 속한 세계가 우주의 일부임을 깨닫는 것에서 기인한다. 즉, 존재적인 관점에서도 우리라는 존재는 모든 것의 원인인 실체에 속한다는 것이다. 따라서 우리는 모든 존재가 무한한 우주의 일부로서 서로 연결되어 있으며, 우리의 삶과 존재가 이 무한한 우주와 깊은 연관을 맺고 있다는 것을 이해해야 한다.

우리는 우주의 무한한 본질을 통해 존재의 의미와 목적을 탐구할 수 있다. 우리의 존재는 단순히 개별적이고 고립된 것이 아니라 더 큰 우주적 질서의 일부이며 이 질서 안에서 우리는 우리 자신의 의미와 목적을 찾아나선다. 또한 우리는 무한한 우주 안에서 존재의 의미와 목적을 탐구함으로써, 우리의 삶에 더 깊은 가치와 방향을 부여한다. 이러한 존재론적 탐구는 우리가 우리 자신과 우주에 대해 끊임없이 묻고, 탐색하고, 이해하려는 우리의 본성을 반영한다.

무한성에 탐구는 장기적으로 우리가 인생과 존재에 대해 가지는 겸손함을 증진시킨다. 우리는 무한한 우주의 일부로서, 우리 자신의 삶과 존재가 우주적 규모에서 어떤 의미를 가지는지 깊이 성찰해야 한다. 이를 통해 우리는 우리 자신의 한계와 가능성을 더 잘 이해하고, 우리의 본성을 더 큰 맥락에서 바라보게 된다.

제2부

___

인간 본성의 이해

스피노자의 가르침

1.
정서와 욕망
: 인간 본성의 근본 요소

…

1.1. 정서의 본질과 스피노자의 해석

● 정서에 대한 정의와 그 중요성

나는 인간 본성의 가장 근본적인 부분이 바로 정서라고 생각한다. 정서란 일반적으로 인간이 세계와의 상호작용을 통해 경험하는 다양한 감정적 상태를 의미한다. 하지만 나에게 정서는 단순한 감정적 반응이 아니라, 우리의 인식과 행동에 깊이 영향을 미치는 중요한 요소다.

왜냐하면 바로 정서가 살아가는 방식을 결정하기 때문이다. 정서는 우리의 행동과 결정 그리고 세계와 상호작용하는 방식을 규정한다. 왜냐하면 기쁨, 슬픔, 분노, 두려움 등 다양한 정서는 우리가 경험하는 세계에 대한 우리의 행동을 결정하며, 이는 정서가 세계와의 상호작용에 대한 원인으로 해석될 수 있음을 뜻한다. 따라서 우리는 필연적으로 행위의 원인인 정서에 따라 행동할 수 밖에 없게 된다. 정서는 이처럼 우리가 세계를 인식하고 그 안에서 우리의 위치와 반응을 결정하는 데 중요한 역할을 한다. 우리의 총체적인 정서 경험은 우리가 세계를 어떻게 보고, 어떻게 반응하며, 어떻게 행동할지 결정하는 데 중요한 기준이 되며, 정서에 대한 이러한 이해는 우리의 자아 인식과 우리가 속한 세계에 대한 이해에 연속적인 변화를 가져온다.

이러한 근본적인 정서의 특성으로 인해, 우리는 우리의 정서를 이해하고 탐구함으로써 매우 높은 수준의 자기 인식과 자기 통제 능력을 함양할 수 있다. 첫 번째로는 이해가 대상에 대한 통제력을 높여주며, 두 번째로는 세계에 대한 원인으로 해석되는 정서의 개념에 따라, 정서에 대한 이해는 곧 자아와 세계에 대한 이해로 이어지기 때문이다. 그러므로 우리는 우리 자신의 감정을 이해함으로써 그것을 통제할 수 있고, 결국 더 건강하고 조화로운 삶을 영위할 수 있다. 정서는 자기 인식의 핵심 요소이며 우리가 우리 자신의 감정을 이해하고 관리하는 방식은 우리의 개인적 성장과 발전에 핵심적인 영향을 미친다.

그렇다면 어떻게 하면 정서를 효과적으로 인식하고 이해할 수 있을까? 이 질문에 대한 답은 다음과 같은 정서의 특성을 인식함으로써 파악될 수 있다.

첫 번째는 정서가 외부 원인에 의해 발생한다는 사실이다. 현상을 이해하기 위해서는 그 원인을 이해하는 것이 필수적이다. 따라서 자기 자신의 본성과 감정의 원인을 인식하는 것은 감정을 효과적으로 관리하는 데 첫걸음이 된다.

두 번째는 이성을 통해 정서를 이해하고 조절할 수 있다는 것이다. 이성적 사고는 정서의 영향을 중화시키고, 더 명확하고 합리적인 방향으로 우리를 이끈다. 이성을 사용하여 정서를 이해하고, 그것들이 우리의 행동과 생각에 미치는 영향을 관리할 수 있는 것이다.

세 번째는 정서가 외부 세계와 긴밀한 관계를 맺고 능동적으로 상호작용한다는 사실이다. 우리의 정서는 주변의 사람들과 환경에 민감하게 반응하며, 우리가 세계를 경험하고 해석하는 방식에 따라 달라진다. 이를 정밀하게 이해하기 위해서는 자기 자신에 대한 깊은 이해가 필요하다. 우리는 스스로의 감정, 생각, 욕구를 이해하고 이러한 내면의 움직임이 어떻게 우리의 행동과 반응에 영향을 미치는지 깨달아야 한다. 이와 같은 방식으로 우리는 우리의 정서를 합리적으로 이해하고 조절할 수 있다.

◉ 정서의 역할과 인간 행동에 대한 영향

정서는 우리 행동의 주된 동기 부여 요소다. 감정은 우리가 일상에서 내리는 결정과 선택에 중요한 역할을 한다. 즐거움을 추구하는 욕망이나 두려움을 피하려는 본능은 우리의 행동을 결정하는 중요한 기능을 한다. 이러한 감정은 우리가 어떤 상황에 어떻게 반응하고, 어떤 결정을 내리는지에 근본적인 영향을 미친다.

더 나아가, 정서는 사회적 상호작용에서도 중요한 역할을 한다. 우리는 타인의 감정을 감지하고 그에 반응하며, 이를 통해 인간관계를 형성한다. 이러한 감정적 교류는 우리가 서로를 이해하고 공감하는 방식을 형성한다. 우리의 감정적 반응은 인간 관계를 구축하고 유지하는 데 간과할 수 없는 영향을 끼친다.

또한 정서는 우리의 인지 과정에도 깊숙이 관여한다. 우리가 세계를 어떻게 인식하고 해석하는지도 감정에 크게 의존한다. 즐거움, 슬픔, 분노와 같은 감정은 우리가 정보를 처리하고 결정을 내리는 방식에 영향을 미치며, 이러한 감정은 우리가 주변 세계에 대해 갖는 인식과 태도를 형성하며 우리의 사고와 판단을 재형성한다.

1.2. 욕망: 동기부여와 행동의 원동력

정서를 구성하는 요소는 무수히 많다. 나는 그 중에서도 욕망을 정서의 가장 핵심적인 요소로 본다. 욕망은 우리의 행동과 의사결정에 중대한 영향을 미치기 때문이다. 욕망에 대한 추구는 우리가

스피노자의 가르침

어떤 행동을 선택하고 어떤 목표를 설정하는지에 관하여, 그 어떠한 정서 보다도 중요한 역할을 한다. 이 과정에서 욕망은 우리의 내부에서 비롯되는 동시에 외부 세계와의 상호작용을 통해 형성되며, 이는 우리가 세계와 어떻게 연결되어 있는지를 보여준다.

● 욕망의 본질과 기능

욕망의 본질은 무엇인가? 욕망은 단순히 물리적 또는 정신적 욕구를 넘어서는 것이다. 욕망은 우리가 신 혹은 자연의 일부로서 가지는 본성의 표현이다. 욕망은 우리가 삶을 지속하고 발전하며 우리의 본능적인 목표를 추구하는 데 필요한 근본적인 동기부여 역할을 한다.

본성을 표현하고자 하는 본질적인 영역의 욕망은 자신의 존재를 지속적으로 유지하도록 촉구한다. 이것은 자기 보존과 자기 실현의 본능적인 욕구에서 비롯된다. 우리는 자연스럽게 우리의 존재를 유지하고 향상시키려는 욕구를 가지는데, 이것은 우리가 무한한 실체의 일부로서 우리 자신의 본성을 표현하고 실현하는 방식이다.

이러한 방식을 통해 우리는 우리의 욕망에 따라 행동하고 결정을 내리며, 이러한 욕망은 우리가 특정한 목표를 향해 나아가게 한다, 그럼으로써 우리의 행동과 생각에 방향을 제시한다. 욕망은 우리가 살아가는 방식을 형성하며 우리가 행위하는 영역에서 대단히 중요한 역할을 한다.

　결정적으로 욕망은 우리의 자아 인식과 자기 결정에 영향을 미친다. 우리는 우리 자신의 욕망을 인식하고 이해함으로써, 우리 자신에 대해 더 깊이 이해하고 우리 삶의 방향을 결정한다. 이 때문에 욕망은 우리의 개인적인 목표와 가치를 형성하는데 중요한 역할을 한다. 우리는 우리의 욕망을 통해 우리가 누구이며, 우리가 무엇을 추구하는지를 이해할 수 있다. 이 과정에서 욕망은 우리의 행동과 의사결정에 결정한다. 즉, 욕망이 우리가 어떤 행동을 선택하고, 어떤 목표를 설정하는지에 중요한 역할을 한다는 것이다. 따라서 욕망은 우리의 내부에서 비롯되는 동시에 외부 세계와의 상호작용을 통해 형성되며, 이는 우리가 세계와 어떻게 연결되어 있는지를 보여준다.

　그러므로 욕망을 이해하는 것은 우리의 자아 발전과 개인적 성장에 중요하다. 우리는 우리의 욕망을 통해 자신을 더 잘 이해하고 우리의 삶의 목표와 방향을 설정한다. 우리의 욕망은 우리의 개인적인 가치와 목표를 반영하며 이는 우리가 누구인지, 우리가 어떤 삶을 추구하는지에 대한 정보를 준다.

● 욕망이 인간의 선택과 행동에 어떻게 영향을 미치는가

욕망이 인간의 선택과 행동에 미치는 영향은 매우 크다. 언급한 바와 같이 욕망은 우리의 내면에서 비롯되는 강력한 힘이며, 우

리가 세상에서 어떤 선택을 하고 어떤 행동을 취할지를 결정하는 주된 동기 부여 요소다. 우리가 추구하는 것, 우리가 가치 있게 여기는 것, 우리가 달성하고자 하는 목표는 모두 우리의 욕망에 깊이 뿌리를 두고 있다. 욕망은 우리가 어떤 일에 집중하고, 어떤 일을 추구하며, 어떤 일을 피하는지를 결정한다.

욕망은 우리의 일상적인 선택뿐만 아니라, 우리의 장기적인 목표와 삶의 방향에도 영향을 미친다. 우리가 직업을 선택하고, 인간 관계를 맺고, 취미 활동에 참여하는 것 등은 모두 우리의 욕망에 의해 영향을 받는다. 욕망은 우리가 삶에서 무엇을 중요하게 여기는지, 어떤 가치를 추구하는지를 결정하는 핵심 요소다.

욕망의 영향은 인간의 자유 의지와도 밀접하게 연결되어 있다. 우리는 욕망에 따라 자유롭게 선택하고 행동한다고 느낀다. 그러나 동시에 우리의 욕망 자체가 우리의 환경, 경험, 그리고 생물학적 조건에 의해 형성되고 영향을 받는다는 것을 인식해야 한다. 이러한 인식은 우리가 우리의 욕망을 어떻게 이해하고, 어떻게 행동하는지에 대한 중요한 교훈을 제공한다.

욕망이 우리의 선택과 행동에 미치는 영향은 우리의 인간 본성에 깊이 뿌리를 두고 있다. 욕망은 우리가 어떤 경로를 따라 삶을 이끌어 나갈지, 어떤 목표를 설정할지 결정하는 데 중요한 역할을 한다. 우리의 욕망은 우리의 삶에 목적과 방향을 부여하며 우리가 세계와 상호작용하는 방식을 형성한다. 우리가 어떤 일을 추구하고 어떠한 관계를 발전시키며 어떠한 일을 회피할지는 모두 우리의 근본적인 욕망에 의해 결정된다.

욕망은 또한 우리의 사회적 행동에도 영향을 미친다. 우리는 우리가 중요하게 여기는 것들을 추구하면서 다른 사람들과 관계를 맺고 공동체 안에서의 우리의 위치를 찾는다. 우리의 욕망은 우리가 어떤 사람들과 깊이 있는 관계를 형성할지, 어떤 사회적 활동에 참여할지를 결정한다. 이러한 사회적 상호작용은 우리의 욕망에 의해 크게 영향을 받는다.

윤리적 판단에도 욕망의 영향은 적용된다. 우리는 우리의 욕망에 따라 윤리적 결정을 내리고, 우리의 행동이 타인과 세계에 미치는 영향을 고려한다. 욕망은 우리가 어떤 행동을 취할지, 어떤 선택을 할지에 대한 윤리적 기준을 제공한다.

결국, 욕망은 인간의 삶과 행동의 근본적인 원동력이다. 욕망은 우리가 살아가는 방식을 결정하고, 우리의 인생 경로와 목표를 형성한다.

1.3. 정서와 욕망의 상호작용
● 정서와 욕망이 어떻게 상호 연결되어 있는가

정서와 욕망은 공통적으로 인간 본성의 복잡성을 강화시키며, 인간이 자신의 의지를 표상하는 것에 큰 영향을 준다. 정서는 우리의 내면적 감정 상태를 반영하는 반면, 욕망은 우리가 추구하는 목표와 욕구를 나타낸다. 이 두 요소는 서로 깊이 연결되어 있으며 우리의 행동과 인식에 지속적으로 관여한다.

이 둘의 관계에서 정서는 우리의 욕망을 형성하고 지향하는 데 중요한 역할을 한다. 우리가 느끼는 감정은 우리가 추구하는 것에 영향을 미치며, 이는 우리의 욕망을 형성하고 방향을 제시한다. 예를 들어, 사랑이나 기쁨과 같은 긍정적인 감정은 우리가 특정한 관계나 활동을 추구하도록 이끌 수 있다. 반대로, 슬픔이나 분노와 같은 부정적인 감정은 우리가 특정한 상황이나 사람들을 피하도록 동기를 부여한다.

욕망 또한 우리의 정서적 상태에 영향을 미친다. 우리가 추구하는 것들에 대한 우리의 욕망이 충족되거나 좌절될 때, 이는 우리의 정서적 반응을 유발한다. 우리의 욕망이 성취될 때 우리는 기쁨이나 만족을 느낀다. 반면, 우리의 욕망이 좌절될 때 우리는 실망이나 슬픔을 경험한다.

정서와 욕망의 이러한 상호작용은 인간의 행동과 결정에 중요한 영향을 미친다. 우리의 감정과 우리가 추구하는 것들 사이의 상호작용은 우리가 어떤 선택을 하고, 어떤 행동을 취할지를 결정하기 때문이다. 이와 같은 상호작용은 우리가 세계를 인식하고 행동하는 방식에 관여한다.

2.
자유 의지 vs 결정론
: 인간 행동의 본질

...

2.1. 자유 의지의 개념과 중요성

● 자유 의지의 정의와 철학적 맥락

인간의 의사결정과 행동의 자율성의 영역에서 자유 의지의 개념은 오랫동안 논쟁의 대상이었다. 자유 의지란, 인간이 자신의 행동과 결정을 스스로 결정할 수 있는 능력을 의미한다. 이 개념은 인간이 외부의 강제나 필연적인 운명에 의해 결정되는 것이 아니라, 자신의 의지와 판단에 따라 행동할 수 있다는 관념을 내포한다.

자유 의지는 인간 존재의 근본적인 자율성과 책임감에 깊이 뿌리를 두고 있다. 자유 의지는 우리가 우리의 삶을 주도적으로 이끌어갈 수 있음을 의미하며, 우리의 선택과 행동에 대한 책임을 우리 자신에게 부여한다. 이러한 관점에서, 자유 의지는 인간의 도덕적 책임과 윤리적 판단의 기초가 된다.

그러나 나는 자유 의지의 개념에 대해 인간의 의지가 완전히 자유롭지는 못한다는 시각을 갖는다. 인간의 의사결정은 우리의 환경, 경험, 지식, 감정 등 여러 내외부적 요인들에 의해 영향을 받기 때문이다. 이는 곧 우리의 의지가 어느 정도는 이러한 요인들에 의해 형성되고 제한될 수 있음을 시사한다. 결국 이러한 제한은 인간의 인식적 한계에 대한 이해를 우리 자신에게 인지시킨다.

따라서 세계를 인식하고 이해하는 방식과 지식과 경험이 의사결정에 영향을 미치는 방식이 온전한 자유 의지의 개념에 의문을 제기한다. 우리의 인식과 이해는 완전하지 않으며 때로는 오류나 편견에 의해 왜곡될 수 있다. 이러한 인식의 불완전성은 우리의 의사결정과 행동이 완전히 자유롭다는 개념에 도전을 제기한다는 것이다.

그러므로 자유 의지가 실현되는 맥락에서, 인간의 의사결정은 완전히 독립적이지 않으며 사회적 환경이나 문화적 배경과 같은 여러 요인들에 의해 영향을 받는다. 이러한 요인들은 우리의 자유 의지를 제한하며, 이는 우리가 어떻게 행동하고 어떤 선택을 하는지에 중대한 영향을 미친다.

이러한 관점에서 볼 때 자유 의지는 완전한 자율성이 아니라, 여러 조건과 상황 속에서 실현할 수 있는 선택의 가능성을 의미한다. 우리는 주어진 상황과 조건 속에서 가능한 한 최선의 선택을 하는 능력을 갖추고 있다. 이러한 선택은 우리의 개인적 의지와 판단에 의해 이루어지지만, 동시에 외부적 요인들에 의해 형성되고 제한된다.

이를 요약하면, 인간은 자신의 행동을 주도적으로 결정할 수 있는 능력을 갖추고 있으나 이러한 결정이 완전히 독립적이라고 보기는 어렵다. 인간의 의사결정과 행동에 있어 중요한 역할을 하는 자유의지는 여러 내외부적 요인들에 의해 영향을 받는다.

● 인간의 자유 의지가 우리의 삶과 선택에 어떤 영향을 미치는가

그럼에도 인간의 자유 의지가 우리의 삶과 선택에 미치는 영향은 매우 중대하다. 자유 의지는 우리가 우리 자신의 삶을 어떻게 주도하고, 어떤 선택을 내리며, 어떤 방향으로 나아갈지를 결정하는 능력을 의미하기 때문이다. 물론 우리가 가진 자유의지의 영향력은 극도로 제한되어 있지만, 우리는 주어진 상황과 조건 속에서 우리 자신의 의지와 판단에 따라 결정을 내릴 수 있는 능력을 갖고 있다. 이러한 능력은 우리가 우리 삶의 경로를 설정하고, 우리의 목표와 욕망을 추구하는 데 중대한 역할을 한다.

따라서 자유 의지는 내재된 극도의 제한성에도 불구하고 우

리가 일상적으로 내리는 작은 결정에서부터 우리 삶의 큰 방향을 결정하는 중대한 선택에 이르기까지 대부분의 행위에 영향을 미친다. 우리는 자유 의지를 통해 어떤 일을 할 것인지, 어떤 관계를 맺을 것인지, 어떤 가치를 추구할 것인지를 결정한다는 것이다. 이러한 결정은 우리의 삶을 형성하고 우리가 누구인지를 정의한다.

이 과정은 단순히 우리가 원하는 것을 선택하는 것 이상의 의미를 갖는다. 자유 의지는 우리가 우리의 행동과 결정에 대한 책임을 지는 것을 의미하기 때문이다. 우리는 우리의 선택과 행동의 결과에 대해 책임을 져야 하며, 이는 곧 우리의 도덕적과 윤리적 판단을 형성한다.

이러한 도덕적, 윤리적 판단에 기반한 자유의지를 통해 우리는 바른 방식으로 자기 인식과 개인적 성장을 이룩할 수 있다. 우리는 우리의 의지와 선택을 통해 우리 자신을 더 잘 이해하고, 우리의 성격과 능력을 발전시킨다. 우리의 결정과 행동은 우리 자신에 대한 깊은 성찰과 자기 인식의 과정을 반영하며, 이는 우리가 내리는 선택을 통해 누구인지, 우리가 무엇을 중요하게 여기는지를 발견할 수 있게 해줄 것이다.

2.2. 결정론과 인간 행동

● 결정론의 기본 개념

모든 것은 실체라는 최초의 원인에서 양태로 이어지는 인과적 연계를 통해 형성된다. 이러한 인과적 질서의 무한한 연쇄는 우주의 모든 개체가 필연적으로 연결되어 있음을 뜻한다. 모든 개체는 이 인과관계에 의해 결정되며, 이는 우주의 근본적인 질서를 반영한다. 이것은 범신론을 구성하는 핵심 개념이다.

따라서 세상의 모든 것은 원인과 결과의 인과적 연쇄에 의해 결정된다. 우리가 경험하는 모든 사건과 행동은 실체의 변용에 따른 불가피한 결과에 불과하며, 이는 인간의 의지도 예외가 아니다. 나는 이러한 세계관을 믿으며, 인간 행동의 본질이 결정론적 구조 속에 놓여 있다고 본다. 우리의 선택과 행동은 우리가 인식하지 못하는 수많은 원인에 의해 이미 결정되어 있다. 이러한 사실을 이해한다는 것은, 우리가 자유 의지를 갖고 있다는 일반적인 믿음에 도전한다. 그러므로 언급한 바와 같이 나는 인간의 의지가 완전히 자유롭다고는 생각하지 않는다. 오히려 그것은 복잡하고 상호 연결된 원인과 결과의 망에서 발생하는 일종의 필연성이다.

이런 관점에서 우리의 모든 결정과 행동은 이미 주어진 원인에 의해 예정되어 있다고 볼 수 있다. 이러한 결정론적 세계관은

스피노자의 가르침

우리가 삶을 어떻게 이해하고, 어떻게 살아가야 하는지에 대한 근본적인 질문을 제기한다. 우리는 우리가 만들어낸 것이 아니라, 이미 결정된 삶을 살아간다는 사실을 인정해야 한다.

그러나 결정론적 세계관이 우리에게 절망을 가져다주는 것은 아니다. 오히려 이는 우리에게 깊은 이해와 통찰을 제공한다. 우리는 우리가 처한 상황을 인식하고, 그 안에서 최선의 길을 찾아야 한다. 이것이 바로 제한된 자유 의지가 존재하는 이유이다. 우리의 의지가 완전히 자유롭지 않다고 해서, 우리의 삶이 의미 없거나 통제 불가능한 것은 아니다.

우리는 그저 주어진 상황 속에서 우리가 할 수 있는 최선의 선택을 하는 존재들이다. 우리는 우리의 환경과 상황에 의해 형성되지만, 그 안에서 우리의 이해와 지혜를 발휘할 수 있다.

이러한 결정론적 관점은 완전한 자유 의지에 대한 일반적인 관념을 전복시키지만, 동시에 새로운 윤리적 이해를 가능하게 한다. 우리는 우리 자신과 타인을 보다 너그럽게 바라볼 수 있으며, 인간 행동의 복잡성과 조건성을 인정할 수 있다. 결정론은 우리로 하여금 삶과 우주에 대한 깊은 경외감을 느끼게 하며, 모든 것이 연결되어 있고 서로에게 영향을 미친다는 사실을 깨닫게 한다. 그렇기에, 우리는 우리의 행동과 결정이 가져올 결과에 대해 더 깊이 생각하게 된다. 결정론적 세계관은 인간의 삶을 단순히 운명에 맡기는 것이 아니라, 우리의 삶과 행동이 갖는 깊은 의미와 연결성을 탐색하게 하는 출발점이 될 수 있다.

결국 결정론적 세계관을 받아들인다는 것은 우리의 삶이 어떤 더 큰 패턴의 일부임을 인식하는 것을 의미한다. 이것은 우리가 단순히 개별적인 존재가 아니라 더 큰 우주적 질서의 일부임을 깨닫는 것이다. 우리의 모든 행동과 생각은 이 더 큰 질서 속에서 결정되며, 우리는 이 질서의 연속성 속에서 우리 자신의 위치를 찾는다.

이 패턴은 무한한 복잡성을 지니며 우리의 인식을 넘어서는 것일 수도 있다. 하지만 이것은 우리에게 겸손함을 가르친다. 우리는 우주의 거대한 질서 안에서 작은 존재들이며, 우리의 모든 행동과 생각이 그 안에서 어떤 역할을 한다는 것을 이해하게 된다. 이것은 우리가 자아 중심적인 관점을 넘어선 더 큰 그림을 보게 해준다. 그럼으로써 결정론적 관점은 우리가 인생에서 마주하는 어려움과 고통을 이해하는 데 도움을 준다. 우리의 고통과 실패는 단순히 개인적인 실패가 아니라 더 큰 원인과 결과의 연쇄 속에서 발생하는 것이다. 이를 통해 우리는 자신을 너무 탓하지 않고 상황을 객관적으로 바라볼 수 있게 된다. 우리의 삶에서 벌어지는 일들이 단순히 개인적인 선택의 결과만이 아니라, 수많은 외부 요인들에 의해 결정된다는 것을 이해함으로써, 우리는 좀더 넓은 관점에서 삶을 바라볼 수 있다.

● 인간 행동에 대한 결정론의 영향

인간 행동의 본질을 이해하기 위해서 결정론이라는 개념을 좀 더 사유해보겠다. 우리의 모든 행동은 더 깊은 원인과 결과의 연결고리에 의해 결정된다. 이러한 사실은 우리가 행동을 선택하고 결정하는 과정에서 중요한 역할을 한다. 우리가 내리는 모든 결정, 표출하는 모든 감정은 이전의 경험과 환경 그리고 더 광범위한 우주의 질서에 의해 형성된다.

우리의 선택은 이미 우리가 인식하지 못하는 수많은 요인들에 의해 예정되어 있다. 이러한 이해는 우리가 자신과 타인을 이해하는 방식에 변화를 가져온다. 우리는 타인의 행동을 보다 너그러운 시각으로 바라볼 수 있으며, 그들의 행동이 단순히 개인적인 선택만이 아니라 더 광범위한 상황과 환경에 의해 영향을 받는다는 것을 인식할 것이다.

결정론은 또한 우리가 인생의 어려움과 도전을 바라보는 방식에 영향을 미친다. 우리의 실패와 고난은 단순히 개인적인 결함이 아니라, 실체로 인해 형성된 원인과 결과라는 더 큰 맥락 속에서 이해될 것이다. 이러한 관점에서 우리는 인생에서 마주하는 도전들을 보다 명확하게 이해하고, 그것들을 극복하거나 그것들과 공존하는 방법을 찾을 수 있다.

또한 결정론적 사고는 우리가 사회적 상호작용과 관계를 이해하는 방식에도 영향을 미친다. 우리는 타인의 행동이 그들의 의지만이 아니라, 그들의 환경과 경험에 의해 크게 영향을 받는다는 것을 깨닫게 된다. 이러한 인식은 우리가 타인을 더 깊이 이해하고 그들과의 관계를 더 효과적으로 구축하게 해준다.

이는 또한 우리가 개인적 성장과 발전을 바라보는 방식에도 훌륭한 통찰을 제공한다. 우리는 우리 자신의 가능성을 더 넓은 맥락에서 이해하게 되며, 우리의 노력이 어떻게 외부 요인들과 상호작용하는지를 인식한다. 우리는 우리 자신을 개선하고 발전시키기 위해 노력할 수 있지만, 그 과정이 단순히 개인적인 의지에만 의존하는 것이 아니라는 것을 이해한다. 이러한 관점은 우리가 자신의 목표와 꿈을 추구하는 방식에 영감을 준다.

결국 이러한 통찰은 인간의 존재를 깊이 이해할 수 있도록 한다. 우리는 우리 자신과 타인의 행동을 더 광범위한 원인과 결과의 연쇄 속에서 이해하게 되며, 이는 우리가 삶을 바라보고 대응하는 방식에 변화를 가져온다. 이러한 이해는 우리에게 더 큰 지혜와 인내를 부여하며, 우리의 삶을 더 의미 있고 만족스러운 방식으로 살아가는 데 도움을 준다.

2.3. 자유 의지와 결정론의 조화

● 자유 의지와 결정론의 상호작용

자유 의지와 결정론이라는 두 개념은 서로 상반되는 것처럼 보이지만, 사실은 서로 깊이 연결되어 있다. 나는 이 두 개념의 상호 작용을 깊이 사유하여 인간 행위의 근본적인 이해에 도달하려 한 다.

먼저 자유 의지는 우리가 선택을 할 수 있다는 믿음에 기반하 지만, 결정론은 우리의 모든 선택이 이미 더 큰 원인과 결과의 연 쇄 속에서 결정되어 있다고 주장한다. 자유 의지와 결정론에 대 한 이런 정의는 필연적으로 결정론이 자유 의지의 개념을 제한하 게 만든다. 하지만 나는 '진정한 자유'를 외부 영향으로부터의 독 립이 아닌, 자연의 필연성을 이해하고 그 안에서 합리적으로 행 동하는 능력으로 해석한다. 따라서 자유 의지는 결정론적 세계 관 안에서도 그 의미를 가지며, 이는 인간이 자신의 상황을 이해 하고 그 안에서 최선의 선택을 하는 것을 의미하는 것이다. 이러 한 관점은 자유 의지가 단순히 무작위 선택의 자유가 아니라, 이 성적 인식과 자연 법칙에 부합하는 행위의 자유임을 뜻한다. 이 러한 이중성은 우리가 삶을 바라보는 방식에 다음과 같은 중요한 시사점을 제공한다.

첫째, 자유 의지와 결정론의 조화는 우리가 타인을 이해하고 대우하는 방식에 중요한 영향을 미친다. 우리는 타인이 그들의 상황과 환경에 의해 영향을 받는다는 것을 인식하면서도, 동시에 그들이 어느 정도 자유롭게 선택하고 결정할 수 있다는 것을 인 정해야한다. 이러한 인식은 우리가 타인에 대한 판단을 보다 균형 있고 공정하게 할 수 있게 한다.

둘째, 자유 의지와 결정론의 상호작용은 또한 우리가 인생의 도전과 고통을 이해하는 방식에 영향을 미친다. 우리는 우리 자신의 실패와 어려움이 완전히 개인적인 결함이 아니라 더 넓은 맥락에서 이해되어야 한다는 것을 깨달을 수 있다. 동시에 우리는 이러한 상황 속에서도 어느 정도의 선택과 결정을 할 수 있다는 것을 인식한다.

셋째, 자유 의지와 결정론의 상호작용은 우리가 삶의 의미와 목적을 이해하는 방식에도 중요한 영향을 미친다. 우리는 우리의 행동이 외부의 원인과 결과에 의해 결정되지만, 동시에 우리 자신의 의지와 선택에 의해서도 영향을 받는다는 것을 깨닫게 된다. 이러한 이중성은 우리가 삶의 의미를 찾고, 우리의 경험을 해석하는 방식에 대한 틀을 변화시킨다.

넷째, 자유 의지와 결정론의 조화는 우리가 개인적인 성장과 발전을 바라보는 방식에도 중요한 영향을 미친다. 우리는 우리 자신이 외부 요인들에 의해 영향을 받지만, 동시에 우리 자신을 개선하고 발전시킬 수 있는 능력을 가지고 있다는 것을 인식할 수 있다. 이러한 이해는 우리가 우리 자신의 잠재력을 실현하고, 우리의 삶을 더욱 의미 있게 만드는 데 도움을 준다.

자유 의지와 결정론의 상호작용을 이해함으로써 우리는 더 큰 책임감과 자기 인식을 가질 수 있다. 우리는 우리의 행동이 더 넓은 맥락 속에서 발생한다는 것을 인식하면서도, 우리 자신의 선택과 결정이 중요하다는 것을 깨닫는다. 이러한 인식은 우리가 우리 자신의 삶을 책임지고, 우리의 행동과 결정에 대해 더 깊이 생각하게 한다.

● 자유 의지와 결정론이 어떻게 공존할 수 있는가

자유 의지와 결정론이 공존한다는 것은 모순처럼 보이지만, 실제로는 우주의 질서 속에서 자연스러운 조화를 이룬다.

모든 사건이 원인과 결과의 연쇄에 의해 불가피하게 결정된다는 결정론적 관점에서 볼 때, 우리의 모든 행동은 자연의 법칙에 따라 예정되어 있다. 하지만 이것이 우리가 자유의지를 갖지 않는다는 의미는 아니다.

자유의지는 단순히 선택의 자유가 아니기 때문이다. 오히려 자유의지는 우리가 우리의 욕구와 감정을 이해하고, 그것들을 합리적으로 통제할 수 있는 능력이다. 이것은 우리가 결정론적인 세계에서도 자유를 추구할 수 있음을 의미한다.

예를 들어, 우리가 우리 자신과 우리가 속한 세계에 대해 깊이 이해한다면 우리는 우리의 본성과 욕구를 더 잘 통제하고, 더 자유롭게 행동할 수 있다. 이러한 자기 인식과 합리적인 통제가 바로 자유의지의 발현이다.

결국, 자유의지와 결정론은 서로 대립하는 것이 아니라, 서로 보완하는 관계에 있다. 결정론적인 세계에서 우리의 자기 인식과 합리적인 선택은 자유의지의 진정한 실현을 가능하게 한다. 이렇게 보면 우리는 우주의 질서 속에서 자유를 발견하고, 그 속에서 의미 있는 삶을 살아갈 수 있다. 이러한 인식은 우리가 삶을 바라보는 방식에 깊은 통찰을 제공한다.

제3부

─

사회와 윤리의 구축

〉 스피노자의 가르침 〈

1.
개인과 사회
: 공동체 의식의 중요성

...

1.1. 개인과 사회의 상호 의존성

● 인간 본성과 사회적 연결성

범신론적 관점에 따르면 인간의 본성은 근본적으로 사회적이며, 우리는 서로 연결되어 있다. 우리는 단독으로 존재하는 개체가 아니라 서로에게 영향을 주고받는 사회적 존재들이다. 이러한 연결성은 우리의 사고와 감정을 거쳐 행위의 방향성을 결정한다.

우리의 삶은 타인과의 관계 속에서 형성되고 발전한다. 사회적 관계는 우리가 누구인지, 우리가 어떻게 행동하는지에 결정적인 영향을 미친다. 사회적 연결성은 우리에게 정체성과 목적을 제공하며 우리의 삶에 깊은 의미를 부여하기 때문이다. 우리는 다른 사람들과의 상호작용을 통해 우리 자신을 이해하고, 우리가 속한 공동체를 이해한다.

숲에 있는 나무들은 서로에게 영향을 주고받는다. 토양을 공유하며 뿌리와 가지를 통해 서로의 성장에 영향을 끼치고, 서로의 생존과 발전을 위해 상호작용한다. 마찬가지로, 인간도 서로 연결되어 있으며, 타인과의 관계 속에서 형성되고 발전하는 것이다.

따라서 인간 본성을 온전히 이해하기 위해서 사회적 연결성을 깊이 사유해야 한다. 우리는 서로에게 의존하며, 이러한 의존성은 우리가 서로를 대우하는 방식과 공동체를 구성하는 방식에 중대한 영향을 미친다. 그렇기에 우리는 단순히 개인으로서만 존재하는 것이 아니라 서로 연결된 사회적 존재로서 존재한다.

● 상호 의존에 대한 철학적 분석

우리는 독립된 개체가 아니다. 우리의 모든 생각과 행동은 타인과의 관계 속에서 형성된다. 이러한 관계는 우리의 정체성과 행동을 결정한다. 왜 우리는 이처럼 사회와 긴밀히 연결되어 상호 의존하는가? 그것은 바로 우리가 사회를 형성하는 본질인 실체와 지속적으로 상호 작용하기 때문이다.

우리 자신과 실체와의 상호 작용은 인간의 자유 의지와 결정론 사이의 관계를 바탕으로 이해된다. 우리는 자신의 행동이 자유롭게 선택된 것처럼 느끼지만, 실제로는 외부 세계와의 상호 작용에 의해 크게 영향을 받는다는 것이다. 이러한 상호 작용은 우리의 선택과 행동을 형성하며, 우리의 삶의 방향을 결정한다.

실체와의 상호 의존성은 우리가 먼저 우리 자신을 다른 사람들을 포함하는 사회와 연결된 복잡한 관계망의 일부로 인식하는 것에서 기인한다. 이러한 인식은 우리가 개별적인 존재이면서 동시에 더 큰 전체의 일부임을 깨닫게 해준다. 이 관계망 내에서의 우리의 위치와 역할은 우리가 어떻게 생각하고 행동하는지에 근본적인 영향을 미친다. 우리는 이 관계망 안에서 연속적으로 영향을 주고받으며, 이러한 상호작용은 우리의 삶을 형성한다.

이를 '정원'에 비유한다면, 정원의 모든 식물들이 서로 다른 개체이지만 동시에 하나의 큰 시스템, 즉 정원의 일부로 연결되어 있는 것이라고 볼 수 있다. 각 식물은 독립된 존재이면서 동시에 햇빛, 물, 토양 등의 자원을 공유하는 더 큰 시스템에 의존한다.

이와 같이 우리는 개별적인 존재로서 독립적으로 기능하지만 동시에 사회, 인간 관계, 그리고 자연 환경과 같은 더 큰 관계망의 일부로서 상호 의존적이다. 우리는 이 관계망을 통해 서로에게 영향을 주고 받으며, 이러한 상호작용은 우리의 생각과 행동에 영향을 미친다.

이러한 과정을 통해 우리는 실체와 상호의존한다. 우리는 실체를 토대로 서로에게 영향을 주고 받으며, 이러한 상호 작용은 우리가 세상을 이해하고 대응하는 방식에 중요한 역할을 한다.

또한, 상호 의존성은 우리가 인간 관계를 구축하고 유지하는 방식에도 중요한 영향을 미친다. 우리는 서로에 대한 의존성을 인정하고, 이를 바탕으로 더 강력하고 지속 가능한 관계를 형성한다. 이러한 관계는 우리의 삶에 안정성과 만족감을 제공하며, 우리가 공동체 내에서 더 효과적으로 기능하도록 돕는다.

결론적으로, 이러한 이해는 우리가 개인적으로나 사회적으로 더 윤리적이고 조화로운 삶을 살아가는 데 중요한 기준점을 제공한다. 우리는 이러한 상호 의존성을 깊이 이해하고 존중함으로써, 우리 자신과 타인, 그리고 우리가 속한 사회에 긍정적인 변화를 가져올 수 있다.

● 사회적 관념와 개인의 자율성

인간 존재와 사회와의 긴밀한 상호작용은 사회적 관념과 개인의 자율성 사이의 갈등을 태동시킨다. 이것은 인간의 행위 동기를 설명하는 중요한 개념이다. 우리는 사회적 존재로서, 타인과의 상호작용을 통해 우리 자신을 정의한다. 이러한 사회적 상호작용은 우리가 속한 공동체에 중요한 영향을 미치며, 사회 구성원들이 준수해야 할 다양한 의무와 체계를 구축한다. 동시에 우리는 사회 속에서 개인으로서의 자율성을 가진다. 개인의 자율성은 우리가 독립적인 선택을 하고, 자신만의 생각과 의견을 가질 수 있음을 의미한다. 이 자율성은 우리가 자신의 길을 추구하고 개성을 발전시키는 데 도움을 준다. 하지만 우리가 사회와의 상호작용 속에서 개인의 자율성을 실현할 때 우리의 자율성은 필연적으로 사회적 관념에 의해 제한받는다.

사회적 관념은 사회적으로 형성되고 공유된 믿음이나 가치 체계를 말한다. 사회적 관념은 우리가 공동체의 일원으로서 수행하는 역할과 책임을 드러낸다. 사회적 필요에 의해 형성된 사회적 관념은 우리가 지속적으로 타인과의 관계 속에서 영향을 주고받는 과정에서 발생했으며, 이러한 관념은 지속적으로 우리의 사회적 삶과 자율성에 영향을 미친다. 우리의 자율성은 사회적 관계가 제공하는 관념 안에서 제한되고 재정의된다. 따라서 우리는 이 관념에 따라 자신의 자율성을 발휘하고, 동시에 타인의 자율성을 존중해야한다.

사회적 관념과 개인의 자율성 사이의 균형을 고려하는 것은 우리가 사회적 존재로서 기능하는 방법에 대한 유용한 기준을 제공한다. 우리는 타인과의 관계를 통해 사회적 존재로서의 역할을 이해하고, 동시에 우리 자신의 독립적인 존재로서의 가치를 인식하기 때문이다. 이 균형은 우리가 사회적 책임과 개인적 자유 사이에서 어떻게 행동할 것인가를 결정하는 데 중요한 역할을 한다.

또한 사회적 관념과 개인의 자율성 사이의 균형은 우리의 윤리적 판단과 행동에 영향을 미친다. 우리는 사회적 존재로서 타인과의 관계 속에서 윤리적 기준을 형성하며, 이러한 기준은 우리의 행동에 방향성을 제시한다. 하지만 동시에, 우리는 개인으로서의 자율성을 통해 우리 자신의 윤리적 판단을 형성하고, 이러한 판단에 따라 행동하게 된다.

우리는 삶을 살아가며 사회적 관념과 개인의 자율성을 실현하는 것 사이에서 어떻게 살아야 할 것인지 지속적으로 고민해야 한다. 사회적 요구와 개인적 욕구 사이에서 균형을 찾아야 하며, 이러한 균형이 우리가 더 나은 삶을 영위하도록 돕기 때문이다. 적절한 균형점에 따라 사회적 행위를 행함으로써 공동체에 기여하고, 개인의 자율성을 실현하여 자신의 정체성과 목표를 발전시킬 수 있을 것이다.

1.2. 공동체 내의 개인의 역할

● 1.2.1. 개인의 책임과 공동체 기여

우리는 삶을 살아가며 사회에 대한 개인의 책임을 인지하고 그와 함께 공동체에 기여한다. 나는 사회에 대한 책임과 기여가 어떻게 우리의 존재를 정의하고 우리가 속한 공동체에 영향을 미치는지 연구해왔다. 우리는 공동체를 대상으로 고유한 책임을 가지며, 이러한 책임은 우리가 공동체에 기여하는 방식을 결정한다. 우리의 행동과 결정은 공동체에 영향을 미치며, 이는 우리의 윤리적 판단에 중요한 기준이 된다.

그렇다면 우리 각자가 공동체에 기여하는 방식과 책임은 어떻게 정해지는가?

개인의 책임은 개인의 특성에 따라 내재된 것으로, 실체의 변용에 따른 결정론에 의거해 자연적으로 정해진다. 이때 행해지는 우리의 선택과 행동은 단순히 개인적인 결과에 그치지 않고, 공동체의 복지와 조화에 기여한다. 이러한 과정을 거쳐 우리의 책임을 다할 때, 우리의 행동은 우리가 속한 공동체의 필요와 가치와 일치해야 한다. 우리는 공동체의 일원으로서, 그 공동체가 번영하고 발전하는 데 필요한 것들을 제공할 책임이 있다. 이는 우리의 윤리적 판단에 영향을 미치며, 우리가 공동체에 어떻게 기여할 것인지를 결정하는 데 중요한 기준이 된다.

그러므로 개인의 책임은 단순히 개인적인 행동의 결과에 대한 것이 아니라, 공동체의 발전에 대한 것이다. 우리는 우리의 행동이 타인에게 어떤 영향을 미치는지 고려해야 하며 이는 우리가 삶의 선택을 할 때 고려해야 할 중요한 요소이다. 우리는 공동체의 일원으로서 서로를 지원하고, 공동의 목표를 향해 협력한다.

우리의 책임을 다하는 것이 개인적 성취뿐만 아니라, 공동체의 건강과 번영을 위한 것임을 기억하라. 우리는 우리의 능력과 자원을 사용하여 공동체를 강화하고, 그 구성원들의 삶의 질을 향상시키는 데 기여해야 한다. 이러한 기여가 결국 우리의 삶에 깊은 의미와 만족감을 부여하기 때문이다.

공통체에 대한 기여를 고려한 개인의 책임은 우리의 일상적인 선택과 행동에 깊은 영향을 미친다. 나는 이러한 책임이 우리의 윤리적 태도를 형성하는 근원이라고 생각한다. 우리는 자신의 행동이 공동체에 어떤 결과를 가져올지를 항상 염두에 둠으로써, 우리는 윤리적 당위성에 따라 행위를 결정할 수 있다. 우리는 자신의 행동이 단순히 개인적인 결과만을 초래하는 것이 아니라, 공동체 전체에 영향을 미칠 수 있다는 사실을 인지해야 한다.

공동체에 대한 기여는 개인적인 자아실현과 공동체의 필요 사이의 균형을 찾는 과정이다. 우리는 자신의 재능과 역량을 사용하여 공동체의 발전에 기여함으로써 개인적인 만족과 공동체의 이익을 동시에 추구한다. 결과적으로 이러한 기여는 우리의 삶에 깊은 의미를 부여하면서 동시에 우리가 속한 공동체의 풍요로움과 안정성에 기여한다. 우리는 개인적인 이익과 공동체의 이익 사이에서 균형을 찾으며, 이러한 균형을 통해 사회적 책임감을 발휘하고, 공동체의 발전에 기여하는 윤리적인 삶을 살아가야 한다.

1.2.2. 사회적 조화를 위한 개인의 행동

우리는 개인으로서 조화로운 사회를 유지하기 위해 각자의 행동이 공동체에 어떤 영향을 미치는지 인식해야 한다. 이는 우리가 취하는 모든 결정에 중요한 고려사항이 된다. 우리의 모든 행동은 다른 이들과의 관계와 공동체 전체의 안녕에 영향을 미치며, 이때 공동체에 부정적인 영향을 주는 개인은 적절하게 안배된 보이지 않는 원리에 의해 배제된다.

사회적 조화를 위한 개인의 행동은 타인에 대한 존중과 이해에서 시작한다. 우리는 타인의 입장을 고려하고, 서로의 차이와 다양성을 존중하는 태도를 가져야 한다. 이러한 태도는 공동체 내에서의 조화와 상호 이해를 촉진하며, 갈등과 분열을 줄이는 데 기여한다.

우리는 서로를 돕고, 공동의 목표를 향해 협력함으로써 공동체의 강점을 높일 수 있다. 이러한 협력과 지원은 공동체의 안정성과 발전을 촉진하며, 모든 구성원들의 삶의 질을 향상시킨다. 우리는 우리의 행동이 공동체에 미치는 영향을 인식하고, 이를 통해 공동체의 복지와 발전에 기여한다. 이러한 책임감과 소속감은 우리의 삶에 깊은 의미를 부여하며, 우리가 더 긍정적이고 건설적인 방식으로 삶을 살아가는 데 도움을 준다.

사회적 조화를 위한 개인의 행동은 공동체 내에서의 적극적인 참여에서도 나타난다. 우리는 지신의 의견을 공유하고, 공동의 문제 해결에 참여함으로써 공동체의 결정 과정에 중요한 역할을 할 수 있다. 이러한 참여는 공동체가 다양한 목소리를 반영하고, 보다 포괄적인 결정을 내리는 데 필수적이다. 이러한 개인의 행동은 공동체의 윤리적 기준과 가치를 반영하는 것이다. 우리는 공동체의 윤리적 기준을 내면화하고, 이를 우리의 일상적인 행동에 적용함으로써 공동체의 안정성과 조화를 유지한다. 이러한 윤리적 행동은 공동체의 정체성과 문화를 형성하며, 공동체의 장기적인 복지에 기여한다.

결국 사회적 조화를 위한 개인의 행동을 통해 공동체의 안녕과 발전에 기여할 수 있다. 공동체와 개인의 행동에 대한 이와 같은 이해는 우리에게 더 조화로운 사회적 존재가 되는 방법을 제시하며, 우리가 속한 공동체에 긍정적인 변화를 가져올 것이다.

2.
윤리적 삶
: 덕과 행복의 추구

2.1. 덕의 본질과 중요성

● 덕의 철학적 정의와 가치

사회적 조화를 위한 행위의 준거틀을 탐구하다보면 필연적으로 덕이라는 개념에 도달한다. 덕은 단순한 행동의 기준이 아니라, 우리의 존재 방식과 세계와의 관계를 정의하는 근본적인 가치 기준이다. 내가 정의하는 덕은 자기 인식과 이성을 기반으로 합리적인 삶을 살아가는 것이다. 이는 우리가 감정과 욕망을 이해하고 통제하며, 생각과 행동을 자연적 질서와 조화를 이루는 방식으로 이행해야 함을 뜻한다. 또한 덕은 타인과의 공감과 협력, 공동체의 복지를 위한 행동을 강조한다. 이는 장기적으로 보았을 때, 개인의 관점에서도 공동체의 만족도를 증진시키는 것이 합리적인 결과를 초래하기 때문이다.

이처럼 덕의 철학적 정의는 단순히 도덕적 행위가 아닌 올바른 자기 인식을 목적으로 하는 인간의 본성과 우주의 질서에 대한 이해에서 비롯되며, 이러한 관점에서 덕은 인간 존재의 근본적인 조화와 통합의 표현이다. 덕은 우리가 타인과의 관계에서 어떻게 행동할 것인지, 우리 자신을 어떻게 발전시킬 것인지에 대한 중요한 지침을 제공한다. 이는 우리가 자연과 우주의 일부로서 우리의 역할을 이해하고, 그에 따라 행동하는 것에 대한 중요한 기준이 된다.

그러므로 덕의 실천은 곧 자기 인식과 성찰의 과정이다. 세계에 대한 이해로부터 비롯된 높은 수준의 자기 인식을 활용하여 덕을 실천할 때, 우리는 우리 자신의 내면을 깊이 살펴보고, 우리의 감정과 욕구 그리고 이성의 본질을 탐구하게 된다. 이는 자기 자신에 대한 자기 수용으로 이어지며, 결국 우리는 보다 성숙하고 완전한 인간으로 성장한다.

이러한 이해를 바탕으로 덕을 실천함으로써, 우리는 자신뿐만 아니라 우리를 둘러싼 세계와의 조화로운 관계를 구축할 수 있다. 우리가 덕을 통해 조화로운 관계를 구축할 때, 우리는 삶의 진정한 의미와 목적을 발견하게 된다. 이는 우리가 타인과의 관계에서도 보다 이해심을 가지고 공감하는 태도를 취할 수 있게 한다. 덕은 우리가 타인을 존중하고 그들의 가치를 인정할 때 비로소 완성된다.

　이 모든 것을 종합할 때, 덕의 추구는 인간 존재의 근본적인 자유와 연결되어 있다. 나는 인간이 자신의 이성과 도덕성에 따라 행동할 때 가장 자유로워진다고 믿는다. 덕을 실천함으로써, 우리는 외부의 강제나 타인의 기대에서 벗어나, 자신의 진정한 본성에 따라 살아갈 수 있다. 이것이 곧 진정한 자유의 실현이다.

● 덕과 자기실현

인간의 행위는 이성과 욕망에 의해 조율되며, 이를 통해 우리는 우리 자신을 이해하고 실현해 나간다. 이성은 우리에게 세계를 합리적으로 분석하고 이해하는 능력을 제공하며, 욕망은 우리의 행동과 목표를 추진하는 동력이 된다. 때로는 이성과 욕망이 충돌해 그릇된 방향을 나아 가게 만들기도 한다.

　덕은 이 두 요소 사이의 조화를 가능하게 한다. 덕을 통해 이해를 바탕으로 실천되는 이성은 우리로 하여금 욕망을 조절할 수 있게 하며, 욕망은 다시 우리의 이성적 사고를 삶의 구체적인 상황에 적용하는 데 필요한 동기를 제공한다. 이 두 요소가 조화를 이룰 때 우리 자신의 진정한 본성과 가능성을 탐구하고 실현할 수 있다. 따라서 덕을 실천함으로써 이성과 욕망 사이의 합리적인 조화를 달성하고, 우리 자신의 가장 깊은 본성을 발견해 진정한 자기 자신의 의지를 실현할 수 있다.

이 과정에서 덕의 실천을 통한 자기실현은 단순히 개인적인 성장에 그치지 않는다. 이는 자신과 자연 그리고 타인과의 관계 속에서 조화와 균형을 추구하여 실체를 구성하는 요소들을 공존시킨다. 이를 통해 우리가 살아가는 세계와의 균형있는 관계를 구축할 수 있다.

우리는 덕에 의해 실현되는 자신과 세계와의 상호의존성을 인식하고, 이를 통해 우리의 삶에 깊이 있는 의미와 목적을 부여해야 한다. 자기 실현은 이러한 깊은 이해와 조화로운 삶을 추구하는 데서 비롯된다. 즉, 궁극적인 자기실현은 단순한 개인적 성취가 아니라 우리 자신과 자연, 타인과의 조화로운 관계를 구축하는 것을 목표로 해야 한다.

덕을 통해 우리는 조화를 이루며, 우리는 보다 완전하고 성숙한 인간으로 성장한다. 덕을 실천함으로써, 우리는 우리의 최상의 모습을 찾아간다. 우리가 추구하는 최상의 모습이란 자신의 강점과 약점을 모두 인정하고 수용해, 언제 어디서든 자신의 본성에 따라 의지를 자연스럽게 표상시킬 수 있는 자아를 보유하는 것을 의미한다. 이러한 자기 인식은 자기실현의 핵심적인 단계이다. 우리가 자신을 진실되게 이해하고 받아들일 때, 우리는 진정한 자아를 향해 나아갈 수 있다. 덕은 이러한 자기 인식과 성찰의 과정을 촉진한다. 우리가 덕을 추구함으로써, 우리는 우리 자신의 진정한 본성에 더 가까이 다가간다.

덕과 자기실현의 관계는 또한 우리가 세계를 바라보는 방식에 영향을 미친다. 우리가 자신을 발전시키고 진정한 자아를 실현할수록, 우리는 세계와의 관계에서도 더 깊은 이해와 공감을 발휘한다. 그럼으로써 우리는 세계를 보다 통합적이고 조화로운 방식으로 인식하게 된다. 이는 우리의 삶을 보다 의미 있고 충만하게 만드는 중요한 요소다. 따라서, 나는 덕과 자기실현이 인간 삶의 근본적인 추구이자, 우리가 지향해야 할 궁극적인 목표라고 생각한다.

2.2. 행복의 철학적 이해

● 행복에 대한 개념 정의

행복이란 단순한 감정적 만족을 넘어서는 것이다. 행복은 근본적으로 자신과 우주의 본성에 대한 깊은 이해에서 비롯되는 것이기 때문이다. 즉, 우리가 덕을 실천하며 우리 자신과 우주를 이해할수록, 우리는 진정한 행복에 더 가까워진다. 따라서 이는 단순한 쾌락이나 일시적인 만족감을 초월하는 개념이다.

모든 것이 서로 연결되어 있다는 근본적인 무한성과 연결성에 대한 이해와 인식의 향상이 진정한 기쁨과 행복으로 이어진다. 이 개념을 천문학자와 별의 관계로 비유해 보겠다. 천문학자는 연구와 성찰을 통해 우주와 별들을 깊이 이해하고자 한다. 단순히 별이 내비치는 광채를 감상하는 것에 만족하는 타인과는 다르게, 천문학자들은 이성적 추론을 통해 별들이 가진 역학적 원리를 파악하고자 한다. 이때 이러한 이해는 단순히 별들을 바라보는 쾌락을 넘어선 것이다. 천문학자가 별을 바라보는 동기는 오롯이 별을 탐구하고자 하는 자신의 본성에 대한 이해와 성찰로부터 비롯된 것이다. 천문학자는 우주의 본성에 비유되는 별들의 움직임, 구성, 그리고 우주의 법칙들을 탐구함으로써 우주와의 연결을 깊이 느끼고, 그 안에서 별의 위치와 역할을 이해한다.

마찬가지로, 행복은 단순한 감정적 만족을 넘어서 자신과 우주의 본성에 대한 깊은 이해에서 비롯된다. 쾌락적 요인이 아닌 근본적인 영역에서 우리가 우리 자신과 우주를 더 깊이 이해할수록, 우리는 우리의 존재와 목적에 대해 더 명확하게 인식하게 되고 이것이 곧 진정한 행복으로 이어진다. 이러한 행복은 일시적인 쾌락이나 만족을 넘어서는 것으로, 자신과 우주에 대한 깊은 연결과 조화에서 오는 지속적이고 의미 있는 기쁨이다.

따라서 행복은 실체에 대한 이해를 바탕으로 자기 자신의 본성을 실현하고 자신의 감정과 욕구, 이성을 조화롭게 발전시키는 데에서 오는 것이다. 우리가 이러한 조화를 이룰 때, 우리는 진정한 행복을 경험한다. 나는 이를 자기 완성의 과정이라고 본다. 자기 완성은 단순히 개인적 성취가 아니라, 자신의 본성에 대한 깊은 이해와 그것을 바탕으로 한 삶의 실천이다.

또한 행복은 타인과의 관계와도 긴밀히 연결되어 있다. 우리가 타인을 이해하고 그들과 조화로운 관계를 맺을 때, 우리는 더 큰 행복을 느낀다. 이는 단순한 개인적 만족을 넘어서, 우리가 속한 공동체와의 조화를 통해 얻어지는 행복이다. 나는 이러한 사회적 행복이 개인적 행복과 긴밀하게 연결되어 있다고 본다.

종합하자면, 행복은 개인의 내적 조화와 자기실현 그리고 타인과의 조화로운 관계의 실현으로 완성되는 것이다. 이는 우리가 쾌락이 아니라 우리의 본성과 우주의 본성에 부합하는 삶을 살아가는 것이며, 행복은 이러한 삶의 실천과 깊은 이해에서 비롯된다.

● 행복 추구와 인간 존재의 의미

인간의 본성은 자연의 본질에 연결되는 것을 갈구하고, 그럼으로써 행복을 추구하도록 설계되었다. 인간은 자연의 일부이며, 우리의 삶은 자연과 조화를 이루는 방식으로 진행되어야 한다. 이러한 조화가 행복 추구의 근본적인 목표로 규정되어야 하며, 인간 존재의 의미를 규정한다.

삶이 자연과 조화를 이루려면 어떻게 해야하는가? 바로 자신의 본성과 우주의 본질에 대해 깊이 이해해야 한다. 이는 자신의 감정, 욕망, 생각이 어떻게 자연의 법칙과 연결되어 있는지 깊이 이해하는 것에서 시작한다. 자기 인식은 자신의 삶이 자연의 필연적 질서와 조화를 이루는 데 필수적인 첫걸음이 된다.

덕에 기반하여 자기 인식의 효과를 극대화하기 위해, 우리의 감정을 이해하고 적절히 조절해야 한다. 감정이 자신의 판단과 행동에 미치는 영향을 최소화하면, 더 합리적이고 자연의 질서와 조화를 이루는 결정을 내릴 수 있다. 모든 것이 필연적으로 발생한다는 사실을 받아들이고, 우리가 통제할 수 없는 사건에 휘둘리지 말아라. 이러한 방식으로 불필요한 고통에서 벗어난다면 이성적인 삶을 추구하면서 자신의 본성을 더 잘 이해하고, 자연과 타인과의 조화로운 관계를 발전시킬 수 있을 것이다. 이것이야말로 추구하는 진정한 조화와 행복의 길이다.

다시 강조하지만 행복 추구는 단순한 쾌락의 추구가 아니다. 오히려 자신의 이성과 감정, 욕망을 조화롭게 통합하고, 자신의 본성에 가장 근접한 삶을 살아가는 것이다. 이 과정에서 우리는 진정한 자기 자신을 발견하고, 자기 자신의 가능성을 최대한으로 실현한다.

여기서 언급된 자신의 본성이란 자신이 신 혹은 자연의 일부로서 가지는 고유한 특성과 능력이다. 이는 감정, 욕망, 이성, 사고의 방식에 근거하며, 자연의 인과적인 법칙 안에서 작용한다.

자신의 본성을 파악하는 것은 자신이 어떻게 자연의 한 부분으로서 작용하는지를 깊이 이해하는 과정이며 자신의 본성에 근접한 삶을 살아가는 것은 이러한 이해를 바탕으로 도덕적이고 합리적인 결정을 내리는 것을 의미한다.

예를 들어, 호기심이 많고 탐구적인 사람이 과학자나 연구자가 되어 자신의 호기심을 충족시키며 자연의 법칙을 탐구하는 것은 그의 본성에 근접한 삶이다. 자신의 본성을 이해하고 본성에 따라 행동할 때, 그 결과로 나타나는 삶이 바로 자연과의 조화를 이루는 삶이다. 이렇게 자신의 본성과 조화를 이루는 삶은 진정한 행복과 만족을 가져온다

진정한 행복을 추구하는 것은 우리가 삶의 어려움과 도전을 어떻게 대처하고 극복하는지에도 중요한 영향을 미친다. 우리가 진정한 행복을 추구함으로써, 내면의 강점을 발견하고 삶의 어려움에 대처하는 내적인 저항력을 키울 수 있다. 이는 단순히 외부적인 성공을 넘어서, 우리 자신의 궁극적인 성장과 발전을 의미한다.

그럼으로써 우리가 세상을 어떻게 바라보는 관점이 변화한다. 우리가 긍정적이고 조화로운 태도로 세상을 대할 때, 우리는 더 많은 기쁨과 만족을 경험한다. 이는 우리의 인식과 태도가 우리의 행복에 큰 영향을 미친다는 것을 보여주는 증거이다.

이처럼 행복 추구와 인간 존재의 의미를 이해하는 것은 서로

긴밀하게 연결되어 있다. 우리가 자신의 본성을 이해하고 실현하며 타인과의 조화로운 관계를 구축할 때, 우리는 삶의 깊은 의미와 목적을 발견하고 우리의 존재를 보다 완전하게 실현한다. 이는 단순한 개인적 만족을 넘어서, 우리의 삶을 보다 의미 있고 충만하게 만드는 과정이다."

● 윤리적 삶과 지속 가능한 행복

윤리적 삶이 단순히 사회적 규범이나 도덕적 규칙을 따르는 것이라고 생각하는 것은 윤리에 대해 매우 얕게 이해하고 있는 것이다. 인간은 자연의 일부이며 윤리적 행위란 곧 자연의 본성에 따라 사는 것을 의미하므로, 자연과 스스로의 본성을 이해하고 그에 따라 행동하는 것이 윤리적으로 올바른 행위이다. 규범과 규칙 따위는 그저 인간의 본성과 자연이 인식되기 편한 형태로 표상된 것에 불과하다. 따라서 윤리적 본성은 자연의 필연적인 법칙을 따르는 개인의 성향과 행위를 의미하는 것이다. 윤리적 행위란 단순히 선택의 영역이 아닌, 개인의 본성과 실체에 깊이 뿌리내린 개념으로 정의되어야 한다.

그렇게 윤리적 삶이란 우리 자신의 본성과 우주의 본질에 대한 깊은 이해와 조화를 통해 이루어진다. 우리가 윤리적 삶을 추구함으로써, 우리는 우리 자신과 자연과의 조화로운 관계를 발전

스피노자의 가르침

시킨다.

이렇게 충족된 지속 가능한 행복은 보다 큰 만족감과 성취감을 선사한다. 윤리적 삶을 추구함으로써 우리는 지속 가능한 행복을 얻는다. 이는 자연과 조화를 이루고, 타인과의 건강한 관계를 유지하는 데서 오는 깊은 만족감이다. 이는 우리의 삶을 보다 의미 있고 충만하게 만든다.

그러므로 지속가능한 진정한 행복을 위해 윤리적 삶을 추구하라. 윤리적 행위는 단순히 타인에 대한 의무를 넘어서 우리 자신의 내적 조화와 통합을 추구하는 과정이므로, 우리가 윤리적으로 행동할 때 비로소 우리의 이성과 감정, 욕구를 균형 있게 조율할 수 있다. 이는 우리가 삶의 다양한 상황에 대처하고, 그것을 의미 있고 가치 있는 경험으로 전환하는 데 도움을 준다.

결정적으로 윤리적 삶을 추구할 때, 우리는 우리의 자기 인식을 효과적으로 향상시킬 수 있다. 이러한 인식성의 향상과 함께 우리가 우리 자신의 행동과 그것이 우리 자신과 타인에 미치는 영향에 대해 성찰할 때, 우리는 보다 성숙하고 책임 있는 존재로 성장한다.

정리하자면, 우리가 윤리적으로 살아갈 때 우리는 일시적인 쾌락과 달리 지속 가능한 만족과 평화를 경험한다. 이러한 만족은 우리의 삶을 보다 깊고, 풍부하며, 의미 있게 만든다. 따라서 윤리적 삶을 추구하는 것이 인간 존재의 근본적인 목적 중 하나이다. 이를 통해 우리는 진정한 의미에서의 행복을 발견하고 실현할 수 있을 것이다.

제4부

—

지식과 진리에의 여정

스피노자의 가르침

1.
인식론
: 진리를 향한 이해의 길

...

1.1. 본질과 속성: 실체에 대한 이론 체계

무언가를 이해하고자 할 때, 그것에 내재된 본질과 속성을 파악하는 것만큼 효과적인 방법은 없다. 본질이란 어떤 것이 그것 자체로 존재하는 근본적인 성질이며, 이것은 그 존재의 기본적인 정체성을 규정한다. 예를 들어 나는 신의 본질을 무한한 존재로 보며, 이것은 신이 근본적으로 무엇인지를 정의한다.

속성은 본질이 나타나는 방식이다. 이것은 본질의 다양한 측면을 우리에게 드러내는 방식으로, 우리가 인지할 수 있는 형태로 본질이 표현된다. 예를 들면, 나는 신의 속성을 '사유'와 '확장'이라고 판단한다. 이들은 신의 본질인 무한한 존재의 특성을 나타내는데, '사유'는 일반적으로 신의 정신적인 측면을 나타내는 속성이다. 이는 신의 무한한 지성과 인식을 뜻한다. 사유를 통해 신은 무한한 지식과 지혜를 가지며, 이는 모든 존재와 사건의 본질을 아우른다. 사유는 우리가 신의 본질을 정신적인 차원에서 이해할 수 있게 하는 방식이다.

'확장'은 신의 물리적인 측면을 나타내는 속성이다. 이는 신이 우주와 그 모든 현상에 무한하게 존재함을 나타낸다. 확장을 통해, 신은 공간과 시간을 넘어선 존재로서 모든 물리적 현실에 관여하고 포함된다. 이 속성은 신의 존재가 모든 현실적 형태와 현상에 근거를 두고 있음을 보여준다.

따라서 사유와 확장이라는 이 두 속성은 신의 무한한 존재의 특성을 우리에게 드러내는 방식이다. 이들은 신의 본질인 무한한 존재를 정신적 차원과 물리적 차원에서 각각 나타내며, 우리는 이러한 속성들을 통해 신의 본질에 대해 더 깊이 이해하게 된다.

이렇듯, 본질과 속성의 관계는 우리가 세계를 이해하는 데 있어 매우 중요하다. 본질은 존재의 '무엇인가'를 나타내고, 속성은 그 '무엇인가'가 어떻게 우리에게 나타나는가를 보여준다. 이 관계를 통해 나는 우주의 근본적인 질서와 조화를 이해한다.

1.2. 이성과 직관: 진리에 대한 접근 방법

이처럼 본질과 속성을 파악하는 것은 곧 진리에 대한 접근성을 강화하는 행위다. 하지만 본질과 속성을 면밀히 파악하기 위해, 정밀하게 다듬어진 사고의 도구가 필요하다. 그것이 바로 이성과 직관이다. 우리는 진리에 올바르게 접근하기 위해 이성과 직관에 대한 이해도와 활용도를 높여야한다. 먼저 이성이란 우리가 세계를 논리적으로 이해하고 분석하는 능력이다. 이것은 우주의 법칙과 구조를 이해하는 데 필요한 체계적,논리적 사고를 가능하게 한다. 이성을 통해 우리는 우주의 질서와 그것이 우리 삶에 어떻게 적용되는지를 이해한다.

그러나 이성만으로는 충분하지 않다. 우리는 이성뿐만 아니라 직관 또한 필요하다. 직관은 이성을 넘어선 더욱 깊은 이해를 제공하는 도구이다. 직관은 우리가 우주와의 깊은 연결을 경험하고, 본질적인 진리를 직접적으로 인식하고 느끼는 능력이다. 이는 논리적 사고를 넘어서, 우주의 근본적인 본성에 대한 직접적인 통찰을 제공한다.

이 둘은 개별적으로 작용하는 것이 아니라 함께 작용한다. 이성은 우리에게 구조와 체계를 제공하며, 직관은 우리에게 깊은 통찰과 초월적인 인식을 제공한다.

더 효과적인 사고를 위해, 이 두 가지 접근 방법을 적절히 통합해야 한다. 그럼으로써 우리는 세계와 우리 자신에 대한 보다 깊은 이해를 얻을 수 있다. 이성과 직관의 통합은 우리가 세계를 인식하는 방식을 확장시키며 우리에게 사물의 관계와 원인을 이해하게 하고, 우리가 그 너머의 깊은 의미와 연결을 경험하게 한다. 이 과정에서 이성은 우리에게 사물의 외적 형태와 구조를 보여주는 반면, 직관은 우리에게 그것들의 내적 본질과 가치를 드러낸다.

이것이 우리가 신과 우주의 본질에 보다 깊이 다가갈 수 있는 방법이다. 이러한 지식 체계의 활용은 우리가 세계와 우리 자신에 대한 근본적인 이해를 얻는 데 도움을 주며, 이는 단순히 개별 사실을 넘어서는 것으로, 우리가 우주의 근본적인 조화와 연결성을 경험하게 한다.

따라서 진리에 접근하는 중요한 수단으로 이 둘을 적절히 활용하라. 이성과 직관을 사용하는 정도는 모든 상황에 동일하게 적용되는 것이 아니다. 상황에 적합하게 그 정도를 합리적으로 배분 해야한다. 이 두 가지의 활용이 적절히 결합될 때, 우리는 진리의 깊은 이해에 도달할 수 있다. 이는 우리의 지적 탐구뿐만 아니라, 우리의 전체적인 삶에 영향을 미친다. 이렇듯, 이성과 직관은 서로를 보완하며 우리가 우주와 그 안에서의 우리 자신을 이해하는 데 필수적인 역할을 한다.

1.3. 인식과 자연: 우리가 세계를 어떻게 인식하는가

● 인식의 한계와 가능성

인간 인식 범위는 본질적으로 제한되어 있다. 인간의 지각은 우리가 세계를 어떻게 경험하고 이해하는가에 결정적인 역할을 하지만, 이 지각은 인식론적 한계로 인해 제한되어 있으며, 우리가 인식할 수 있는 것은 우주의 광대함에 비해 매우 작은 부분에 불과하다. 우리의 감각 기관은 특정 범위의 자극만을 감지할 수 있고, 우리의 이성은 우리가 경험하고 학습한 내용에만 기반하여 사고하기 때문이다.

이러한 인식의 한계에도 불구하고, 우리는 이성과 직관의 조화를 통해 이 한계를 넘어설 수 있다. 상술한 바와 같이, 이성은 우리에게 세계를 체계적으로 이해하고 분석할 수 있는 힘을 제공하며 직관은 우리가 세계의 근본적인 본질에 대한 더 깊은 이해에 도달할 수 있게 한다. 직관은 우리가 진리를 보다 직접적으로 경험할 수 있게 하며, 이는 우리의 인식을 근본적으로 변화시킨다.

이성과 직관의 조화를 통해 형성된 고도화된 인식은 단순히 지식의 축적이 아니라, 우리가 본질적으로 세계를 바라보도록 돕는다. 이렇게 변화된 시각이 인식론적 한계를 뛰어넘어 우리의 존재와 우리가 속한 세계에 대한 더 깊은 이해를 가능하게 한다.

인식의 한계를 뛰어넘는 것은 윤리적 삶과도 밀접하게 연결되어 있다. 우리가 보다 높은 수준의 인식에 도달할수록, 행동과 결정에 대해 더 큰 책임감을 갖게 된다. 우리가 독립적으로 존재하지 않으며 우리 사이에 연결되어 있는 연결성을 인식할 수 있기 때문이다. 이러한 사고는 지식과 윤리적 행위 사이의 상호 작용을 촉진한다. 우리가 세계와 우리 자신에 대해 더 깊이 이해하게 될수록, 우리는 보다 의미 있고 윤리적인 삶을 추구할 수 있다.

따라서 나는 인식의 한계를 인정하면서도 그것을 적극적으로 계발할 필요성을 강조한다. 우리는 이성과 직관을 통해 인식을 확장하고 깊이 있는 지식에 도달할 수 있다. 이는 우리가 우주와 우리 자신에 대해 더 깊은 이해를 갖는 데 결정적인 역할을 하며, 우리의 삶과 세계에 대한 관점을 근본적으로 변화시킨다.

● 인식과 현실: 주관성과 객관성의 균형

또한 우리는 인식이 갖는 주관성과 진리의 객관성 사이의 균형을 적절히 조절해야 한다. 인식은 우리가 세계를 이해하는 방식이며, 이 과정은 주관적이고 객관적인 요소들의 상호 작용으로 이루어진다. 우리의 인식은 기본적으로 주관성에 국한되어 있다. 이 주관성은 우리 각자의 개인적 경험, 감정 그리고 사고방식에 근거하며, 이는 우리가 세계를 인식하는 방식에 영향을 미친다.

스피노자의 가르침

진정한 인식은 단순한 주관적 경험을 넘어서, 객관적 현실에 기초해야 한다. 객관성은 우리가 세계를 있는 그대로 인식하려는 노력이며, 이것이 우리의 인식을 보다 정확하게 만들기 때문이다. 객관적 인식은 우리가 우리의 개인적인 편견과 제한된 시야를 넘어서 보다 광범위하고 심층적인 이해에 이르게 한다.

인식과 현실 사이의 균형은 주관적 경험과 객관적 진리 사이의 조화를 찾는 것이다. 우리는 우리 자신의 주관적 경험을 인식하고, 동시에 그것을 객관적 현실과 대조해야 한다. 이는 우리가 세계를 보다 완전하고 정확하게 이해하는 데 큰 도움을 준다.

이러한 균형은 우리의 인식을 보다 깊고 포괄적인 것으로 만든다. 우리가 우리의 주관적 경험을 이해하고 그것을 객관적 현실과 결합시킬 때, 우리는 보다 정확한 지식과 깊은 통찰에 도달할 수 있다. 이 균형은 우리가 세계를 인식하고 이해하는 과정에서 매우 중요하며, 우리의 지식과 지혜의 발전에 결정적인 역할을 한다.

● 인식의 확장

우리는 성공적인 지적 능력의 계발을 위해 인식의 확장을 목표로 해야한다. 인식의 확장은 단순히 지식의 양을 늘리는 것을 넘어서, 우리가 세계와 우리 자신을 이해하는 방식의 변화를 뜻한다. 동시에 이 과정은 우리의 이성적 사고와 직관적 인식의 발전을 전제한다.

이성과 직관적 사고의 확장은 인식의 확장으로 이어지며, 이는 우리가 세계를 보다 체계적이고 논리적으로 이해하게 한다. 우리는 이를 통해 복잡한 개념과 이론을 파악하고, 일반적인 원리와 법칙을 발견한다. 이러한 이성과 직관의 발전은 우리의 인식을 보다 정확하고 깊게 만든다.

천문학자는 맨 눈으로 별의 실체를 관찰할 수 없다. 하지만 망원경을 사용하면 천문학자는 기존의 것보다 더 확장된 인식을 갖게 된다. 이때 망원경을 우리의 인식을 확장하는 도구로 볼 수 있다. 즉, 이때 망원경이 이성과 직관의 표상인 것이다. 맨눈으로는 볼 수 없는 먼 별들과 은하를 망원경으로 관찰하는 것처럼, 우리는 우리의 확장된 사고를 통해 보다 광범위하게 세계를 이해해야 한다. 복잡한 이론과 개념을 분석하고, 일반적인 원리와 법칙을 발견하는 과정은 마치 천문학자가 우주의 법칙을 발견하는 과정과 유사하다. 이를 통해 우리는 인식의 확장이 단순히 정보의 양을 늘리는 것이 아니라, 세계를 이해하는 방식 자체를 변화시키는 근본적인 과정임을 이해할 수 있다.

● 인식을 통한 자기실현

인식은 단순히 외부 세계에 대한 지식을 넘어서, 우리 자신의 깊은 이해와 개인적 성장으로 이어진다. 우리가 세계와 우리 자신을 이해하는 방식은 우리의 자기실현과 긴밀하게 연결되어 있다.

왜냐하면 인식이 자기실현의 중요한 수단이기 때문이다. 우리가 우리 자신과 우주에 대한 더 깊이 이해함으로써, 우리는 우리 자신의 본질과 잠재력을 더욱 깊이 이해하게 된다. 이 과정은 우리가 우리의 능력을 최대한으로 발휘하고, 우리의 존재를 보다 완전하게 실현하는 데 도움을 준다.

또한 우리가 세계를 명확히 인식할 때, 우리가 실체에 속할 수밖에 없는 이유인 내적 필연성을 인지할 수 있다. 이는 인지된 내적 필연성에 따라 행동하는 진정한 자유로 이어져, 자신의 감정과 욕망을 이성적으로 이해하고 변환할 수 있다. 그럼으로써 자신의 본질과 조화를 이루고, 궁극적인 자기실현에 도달하게 된다.

이렇듯 지속적으로 인식을 확장시켜 궁극적인 자기실현을 목표로 하라. 우리가 우리 자신과 우주에 대한 깊은 이해를 발전시킬 때, 우리는 우리의 본질을 더욱 완전하게 실현하고 삶에 깊은 의미와 목적을 부여한다. 이것은 우리가 우리 자신과 세계를 인식하고 이해하는 방식에 변화를 가져오며, 우리의 존재를 보다 의미 있고 충만하게 만든다.

1.4. 지식의 단계: 상상, 이성적 지식, 직관적 지식

그럼 지식의 체계를 좀 더 명확히 정리해보자. 내가 언급한 지식은 직관적 지식과 이성적 지식이지만, 사실 한 가지가 더 있다. 바로 상상이다. 지식은 크게 상상, 이성적 지식 그리고 직관적 지식의 세 가지 형태로 나타난다는 것이다. 이 지식의 단계들이 우리가 세계를 어떻게 인식하고 이해하는 방식을 드러낸다.

첫 번째 단계인 상상은 감각적 경험과 개인적인 인상에 기반하는 내적 기반의 인식이다. 이 단계에서의 지식은 주로 개별적이고 구체적인 사물에 대한 인식으로, 우리의 직접적인 경험과 감정에 의존한다.

상상은 지식 발현 과정의 초기 단계이다. 이 단계에서 상상은 우리가 세계에 대한 인식을 관념적으로 형성하는 데 중요한 역할을 한다. 상상은 우리가 세계를 처음으로 인식하고 이해하기 시작하는 단계로서, 그 자체로 가치가 있다.

그러나 이 단계의 지식은 종종 오류와 착각에 빠지기 쉽다. 개별적인 사건과 사물에 초점을 맞춤으로써, 우리는 종종 전체적인 맥락이나 근본적인 원인을 간과할 수 있다. 이러한 상상의 한계는 우리가 보다 높은 지식의 단계로 나아가야 하는 이유를 설명한다. 나는 우리가 이성과 직관을 통해 보다 높은 지식의 단계로 나아가야 한다고 믿는다. 상상을 넘어서 이성적 사고와 직관적 인식으로 나아감으로써, 우리는 세계와 우주의 근본적인 본질에 대한 보다 깊은 이해를 얻을 수 있다.

즉, 상상은 지식의 첫 단계로서는 효과적인 역할 하지만, 결국 우리가 진정한 지식과 진리에 도달하기 위해서는 이를 넘어서야 한다. 상상은 우리가 세계를 경험하고 이해하는 방식을 시작하는 점이지만, 우리의 지적 능력 계발의 종착점은 아니다.

두 번째 단계인 이성적 지식은 우리가 논리와 이성을 사용하여 세계를 이해하는 방식이다. 이 단계에서는 우리가 개별적인 사건과 사물들 사이의 관계를 이해하고, 일반적인 원리와 법칙을 발견한다. 이성적 지식은 상상보다 발전된 인식의 단계이다. 이성적 지식은 감각적 경험과 상상을 넘어서, 논리와 이유에 기초한 지식이다. 이 단계에서 우리는 개별적인 현상과 사건들을 넘어서, 그들 간의 관계와 일반적인 원리를 이해한다. 이성적 지식은 우리가 세계를 보다 체계적이고 조직적인 방식으로 인식하도록 돕는다. 이를 통해 이성적 지식은 우리가 우리 자신과 우리를 둘러싼 세계를 보다 객관적이고 합리적으로 이해하게 한다.

그러나 이성만으로는 진리의 전체적인 이해에는 이르지 못한다. 이성적 지식은 구조와 패턴을 파악하는 데 강할 뿐, 우주의 본질에 대한 직접적인 통찰을 제공하지는 못하기 때문이다. 이성은 우리에게 세계에 대한 높은 수준의 이해를 제공하지만, 우주의 근본적인 본질인 신과의 깊은 연결을 경험하는 데는 한계가 있다.

따라서 개체를 초월하여 논리적 구조를 파악하는데 중요한 역할을 하는 이성적 지식은 우리의 한계를 뛰어넘는 지적 능력 계발의 마지막 단계는 아니다. 따라서 우리는 이성적 사고의 한 계점을 보강하는 새로운 사고 방식을 사유해야한다. 그것이 바로 직관이며 우리는 직관을 통해 우리는 세계의 근본적인 본질과 더 깊은 연결을 경험할 수 있다.

직관적 지식이 바로 지식의 최고 단계이며. 이것은 상상과 이 성적 사고를 넘어서는 것으로, 우주의 근본적인 본질에 대한 직 접적인 통찰을 가능하게 한다. 이 단계에서는 우리가 논리적 추 론을 넘어서, 실체와 그 속성에 대한 깊은 이해에 이른다. 직관적 지식은 우리가 세계와 우리 자신에 대한 가장 깊은 이해에 도달 할 수 있게 한다.

직관은 이성과 다른 방식으로 우주를 이해한다. 이는 우리가 우주의 근본적인 법칙과 질서를 직접적으로 경험하고 인식하게 하는 내적인 감각이다. 이 단계에서의 지식은 단순한 사실의 인 식을 넘어서, 우리가 우주의 본질과 그것이 우리 삶에 어떻게 적 용되는지를 직접적으로 느끼고 이해하게 한다. 이는 음악가가 단 순히 악보를 읽고 연주하는 것을 넘어서, 음악의 깊은 화성적 본 질에 도달하는 순간과 같다. 이는 상상이나 이성적 사고를 넘어 서는 것으로, 음악의 근본적인 감성과 구조에 대한 직접적인 경험과 이해를 포함한다.

　이처럼 직관적 지식을 통해서 우리는 신과 우주의 근본적인 본질에 대한 직접적인 통찰을 얻을 수 있다. 이는 우리가 세계와의 깊은 연결을 경험하고 우리 자신의 본성에 대해 깊이 이해할 수 있도록 하는 매우 뛰어난 도구이다. 이는 단순한 지적 이해를 넘어서, 우리의 영적 성장과 자기실현의 핵심 부분이다.

　하지만 모든 부분에 있어 직관적 지식이 우위를 차지하는 것은 아니다. 우리는 상황에 따라 세 가지 단계의 지식 체계를 적절히 활용해야 한다. 특정 단계의 무조건적인 사용보다는 각 단계를 적절히 조화시켜 사용하는 것이 더 효과적이라는 것을 명심하라.

1.5. 진리와 오류: 인식 과정에서의 함정들

인식의 본질은 우리가 세계를 경험하고 이해하는 방식을 의미한다. 우리는 감각, 이성 그리고 직관을 통해 세계를 인식한다. 그러나 이 인식 과정은 오류에 빠지기 쉽다. 우리의 인식은 우리의 개인적인 경험과 감정에 기반한 관념의 판단에 의해 왜곡될 수 있기 때문이다.

　인식의 오류는 주로 개인적인 감정과 미숙한 이성에서 비롯된다. 우리가 세계를 인식할 때, 우리의 기대나 욕망과 같은 감정이 판단을 흐릴 수 있다. 이러한 감정은 우리가 사물을 있는 그대로 보는 것을 방해하며, 때로는 잘못된 결론이나 편견에 이르게 한다. 또한 우리의 이성적 사고는 완벽하지 않으며, 종종 우리는 불완전한 정보나 잘못된 논리에 의존할 수 있다. 이러한 이성적 오류는 우리가 세계를 잘못 이해하게 만들며, 때로는 중요한 진리를 간과하게 한다.

따라서 인식의 본질과 오류에 대한 깊은 이해가 필요하다. 우리가 우리의 감정과 이성적 사고를 이해하고 그 한계를 극복하려 할 때, 우리는 보다 정확하고 깊은 인식에 도달할 수 있다. 이 과정을 통해 우리는 세계와 우리 자신에 대한 보다 깊은 이해를 발전시켜야 한다.

● 오류를 넘어선 진리에의 접근

인식을 확장하는 것의 최종 목적은 각 단계의 지식을 적절하게 종합하여 감정을 초월하고, 이를 통해 궁극적인 진리에 도달하는 것이다. 이것은 실체와 우리 자신에 대한 이해를 지속적으로 심화시키는 과정을 포함한다. 이 과정에서 보다 명료하고 정확한 지식에 도달하기 위해선 오류를 극복해야 한다.

진리를 추구하는 과정에서 오류를 극복하기 위해, 우리는 먼저 우리의 인식 과정에서 발생할 수 있는 오류의 근원을 이해해야 한다.

오류는 우리의 주관적인 감정과 불완전한 이성에서 비롯된다. 인간 존재에 태생적으로 내재된 불완전성으로 인하여 우리는 삶의 경험을 제한된 형태로 수용할 수 밖에 없다. 우리는 이러한 근원을 인식하고 이해할 때, 우리는 우리의 인식 과정을 보다 정제하고 정확하게 만들 수 있다.

먼저, 인간의 주관적 감정과 불완전한 이성은 경험을 해석하는 과정에서 오류의 원천이 된다. 감정은 우리의 판단을 흐리게 하고, 불완전한 이성은 우리가 세계를 객관적으로 바라보는 데 한계를 가져온다. 예를 들어, 과거의 경험이나 편견으로 인해 우리는 때때로 실체보다 왜곡된 현실을 인식하게 된다. 이러한 인식의 왜곡은 우리가 진실을 명확히 보는 데 방해가 되며, 때로는 잘못된 결정이나 판단으로 이어질 수 있다..

또한 이러한 인식의 오류를 인정하고 이해하는 것이 중요하다. 우리가 자신의 내부적 감정과 사고 과정을 성찰함으로써, 우리는 자신의 사고와 판단이 어떻게 왜곡되고 있는지 인지할 수 있다. 자기 관찰을 통해 우리는 감정과 이성 사이의 균형을 이루려고 노력할 수 있다. 이는 더 객관적이고 균형 잡힌 시각을 계발하는 데 도움이 된다. 이 과정에서 우리는 자신의 내부적인 욕망과 외부적인 환경이 어떻게 상호작용하여 우리의 인식과 행동에 영향을 미치는지 더 깊이 이해해야 한다.

이러한 자기 관찰과 이해를 바탕으로, 우리는 인식 과정을 더욱 정제하고 정확하게 만들 수 있다. 감정과 이성 사이의 균형을 찾고, 내부적인 성찰을 통해 우리 자신을 더욱 잘 이해함으로써, 우리는 왜곡된 인식을 넘어서 진실에 더 가까이 다가갈 수 있다. 이러한 과정은 우리가 보다 명확하고 깊은 인식을 얻는 데 결정적인 역할을 하며, 궁극적으로 보다 지혜로운 결정과 판단으로 이어진다.

따라서 인간 본성이 인식의 오류에 막대한 영향을 끼친다는 사실을 반드시 명심하라. 우리가 우리의 감정과 이성적 사고를 인식하고, 이를 넘어서려 할 때 우리는 보다 정확하고 깊은 인식에 도달할 수 있다.

2.
지적 사랑
: 신을 향한 지적 사랑의 의미

...

2.1. 지적 사랑의 의미

● 지적 사랑 : 신과의 일체감

우리의 내면 인식을 강화하는데 영향을 끼치는 중요한 활동이 한 가지 더 있다. 그것은 바로 신과의 일체감을 느끼는 것이다. 신과의 일체감은 실체와의 깊은 연결을 경험하는 것을 말하며, 영적이고 내적인 차원에서의 깊은 공감과 통찰을 느끼는 것을 의미한다. 이러한 연결을 통해 우리는 우리 자신만의 경험과 인식을 넘어, 보다 광대한 존재의 일부로서의 우리 자신을 이해하게 된다. 이 일체감은 우리의 자아와 실체 사이의 경계를 흐리게 하며, 우리가 일상에서 느끼는 개별적인 존재의 한계를 초월하여 더 광범위한 인식으로 우리를 이끈다. 이 경험은 우리가 신의 무한함과 우리 자신의 본성에 대한 깊은 인식에 이르게 한다.

일체감에 대한 인식은 우리가 직관을 통해 신의 본질과 속성을 직접적으로 인식할 때 발생한다. 이 직관적 인식은 우리에게 신의 무한한 존재와 사유를 경험하게 하며, 이는 우리의 내적 인식을 깊게 만든다.

숲을 구성하는 각각의 나무는 독립된 존재처럼 보이지만, 사실 그들을 둘러싼 숲과 내면적인 연결 고리를 갖고 있다. 나무는 숲의 일부로, 그 환경과 상호작용하며 자신의 존재를 유지한다.

신과의 일체감을 경험한다는 것은 나무가 숲과의 관계를 인식하고 자신의 본질이 숲의 일부임을 깨닫는 것과 동일하다. 이러한 인식은 나무가 자신의 생명과 성장이 숲과 연결되어 있음을 직관적으로 이해하는 것이다. 결국 신과의 일체감이란 나무가 자신의 존재를 인지하고, 자신을 둘러싼 숲이라는 환경과의 상호작용을 통해 더욱 자신을 성장하고 번영시키는 과정과 유사하다.

신과의 일체감은 우리의 영적 성장과 자기실현에 핵심적인 역할을 한다. 이 경험은 우리가 우리 자신과 우주에 대해 보다 깊이 이해하고, 우리의 삶에 깊은 의미와 목적을 부여하는 데 도움을 준다.

스피노자의 가르침

● 지적 사랑과 영적 연결

나는 신의 본질에 대한 깊은 인식과 이해를 통해 신과의 일체감을 경험하는 것을 지적 사랑이라고 명명한다. 이는 단순한 인간적 감정이나 애정을 넘어선 것으로, 신의 무한한 존재와 그 속성에 대한 순수한 지적 탐구에서 비롯되는 것이다.

이 지적 사랑은 우리의 영적인 연결감을 강화한다. 신과의 연결은 우리의 내적 인식과 깊이 있는 영적 경험을 통해 이루어지기 때문이다. 우리는 이를 통해 신의 본질과 우리 자신의 본성에 대해 더 깊이 이해하게 되며, 이것은 우리 삶의 근본적인 목적과 의미에 대한 통찰을 얻게 한다. 지적 사랑은 우리가 우주와 우리 자신에 대해 보다 깊이 이해하고, 우리의 존재에 깊은 의미를 부여하는 과정이다.

지적 사랑과 영적 연결은 우리의 삶과 존재의 인식 체계에 획기적인 변화를 가져올 수 있다. 우리가 신에 대한 지적 사랑을 추구함으로써 우리는 우리 자신과 우주에 대한 보다 깊은 이해와 일체감을 경험할 때, 우리는 영적인 성장과 자기를 실현할 수 있다.

● 신과의 일체감에서 오는 자기 이해

앞에서 언급한 신과의 일체감이란, 신의 무한한 본질과 우리 자신이 그 안에서 차지하는 위치에 대한 깊은 인식의 강화를 의미한다. 이 일체감은 우리가 신의 본질, 즉 무한한 존재와 사유에 대한 깊은 이해를 통해 경험하는데, 이것은 우리가 우리 자신과 우리의 존재를 보다 깊이 이해하는 데 도움을 준다.

이 일체감에서 오는 자기 이해는 자신의 본성과 우주 안에서의 우리의 역할을 더 깊이 이해하게 한다. 왜냐하면 우리는 이를 통해 우리 자신이 단순히 개별적인 존재가 아니라, 무한한 우주의 일부임을 인식하기 때문이다. 이러한 인식은 자아에 대한 이해를 근본적으로 변화시키며, 우리의 삶에 대한 우리의 관점을 새롭게 한다.

이와 같은 방식으로 우리가 신의 본질과 우리 자신의 관계를 깊이 이해할 때, 우리는 우리 자신의 삶과 존재에 대해 보다 깊은 의미와 목적을 찾게 된다. 이 일체감은 우리가 우리 자신을 보다 완전하게 실현하고, 우리의 삶을 보다 의미 있고 충만하게 만든다.

2.2. 신에 대한 인식: 무한한 존재로서의 신 이해

● 신의 본질과 속성의 이해

우리는 우리의 인식과 존재의 근본적인 이해도를 높이기 위해 신의 본질과 속성을 파악해야한다. 신의 본질은 무한한 존재이며,

이것은 모든 것이 신에서 비롯되고 신에 의해 유지된다는 것을 의미한다. 신은 우주의 근본적인 원인이며, 모든 존재와 사건의 궁극적인 근원이기 때문이다. 즉, 신의 본질은 모든 존재의 근원이다.

신의 속성은 이 무한한 존재의 다양한 표현 방식이다. 앞에서 언급된 바와 같이, 이러한 속성 중 가장 중요한 것은 사유와 확장이다. 사유는 신에 대한 인식과 지성의 표현이며, 확장은 신이 물리적 현실을 형성하는 방식이다. 사유와 확장은 우리가 세계를 경험하고 인식하는 방식을 구성하는 주 요인이다.

이를 '바다와 파도'에 비유하면, '바다'는 신의 본질인 무한한 존재를 나타내며, '파도'는 그 본질의 다양한 표현인 '사유'와 '확장'과 같은 속성을 나타낸다.

'사유'는 바다의 깊이와 내부의 다양한 움직임을 나타내는 것과 같다. 이는 신의 정신적인 측면, 즉 무한한 지성과 인식을 상징한다. 바다의 깊은 물속에서 일어나는 다양한 움직임과 흐름은 신의 사유와 지혜의 깊이와 복잡성을 뜻한다.

'확장'은 바다가 차지하는 해안의 넓은 영역과 바다 표면의 파도들을 통해 드러난다. 이는 신이 물리적으로 우주와 모든 현상에 무한하게 존재함을 나타낸다. 바다가 그 영역을 확장하고 모든 해안선에 영향을 미치는 것처럼, 신의 '확장'은 모든 물리적 현실과 현상에 걸쳐 있는 것이다.

이 비유를 통해 우리는 신의 속성인 '사유'와 '확장'을 보다 현실적으로 이해할 수 있다. 바다의 깊은 내부와 넓게 펼쳐진 표면은 신의 본질적인 특성인 무한한 정신적 측면과 물리적 존재를 나타내며, 이는 우리가 신의 본질을 다각적으로 이해하는 데 도움을 준다.

신의 사유와 확장은 우리가 우주와 존재에 대해 이해할 수 있는 핵심적인 방식이다. 이것은 신의 본질을 우리의 인식 범위 내에서 포착하고 탐구할 수 있는 길을 제공한다.

우리는 신의 본질과 속성을 이해함으로써, 우리는 우주의 근본적인 진리와 그 안에서 우리의 역할을 깊이 이해할 수 있다. 이것은 우리의 인식과 삶에 근본적인 변화를 가져오며, 우리의 존재에 대한 깊은 의미와 목적을 부여한다.

● 신의 무한성과 우주적 연결

신의 무한성과 우주적 연결에 대한 고찰은 우주의 본질에 대한 우리의 이해를 증진시키는 것에 핵심적인 역할을 한다. 먼저, 신의 무한성을 이해해보자. 그러려면 일단 신은 모든 존재의 근본적인 원인이며, 우주의 모든 것을 포함하고 있다는 점을 인식해야 한다. 이 무한함은 모든 사물과 현상이 신과 깊이 연결되어 있음을 의미한다.

또한 우주적 연결은 우리가 세계와 상호작용하는 방식과 관런된 개념이다. 모든 존재는 서로 연결되어 있으며, 이 연결은 우리가 우주와 우리 자신을 이해하는 방식을 깊게 만든다. 우리는 이 연결을 통해 우리의 존재와 우주의 본질에 개념적으로 종속된다.

신의 무한성과 연결성에 대한 속성은 경제라는 학문에 비유될 수 있다. 경제라는 요소는 각국의 시장, 상인, 시민, 정부 등 다양한 요소로 구성되어 있으며, 이들은 모두 상호 연결되어 있다. 이 경제 체계 안에서, 모든 요소는 서로 영향을 주고받으며, 하나의 작은 변화도 전체 체계에 영향을 미친다. 이 경우, 한 나라의 정책 변동이나 영향력 있는 상인의 자금 융통은 전국적인 공급망과 소비 패턴에 중대한 영향을 미친다. 마찬가지로, 신의 무한성은 우주 안의 모든 존재가 서로 깊이 연결되어 있으며, 전체를 이루는 복합적인 체계라는 개념을 반영한다.

이러한 관계 속에서 하나의 개체가 갖는 영향력은 단순히 대상적 요소에 국한되지 않는다. 우리가 신의 무한성과 우리 자신의 연결을 이해하면, 우리는 개체의 영향력이 좀 더 광범위적으로 적용될 수 있음을 인지할 수 있다.

● 신에 대한 지적 탐구와 그 의미

신에 대한 지적 탐구란, 우리가 신의 본질, 즉 무한한 존재와 그 속성을 깊이 이해하려는 노력을 의미한다.

지적 탐구는 합리주의와 명확성을 추구하는 과정이다. 중요한 것은 개념을 정확히 정의하고, 논리적인 추론을 사용하여 결론에 이르는 것이다. 이 과정에서 모든 것이 서로 연결되어 있다는 나의 관점을 반영하여, 추론을 통해 다양한 개념과 사실들이 어떻게 상호 작용하는지 이해하는 것에 초점을 맞추어야 한다.

이 탐구는 단순한 지식의 축적이 아니라, 우리의 삶과 존재에 대한 근본적인 이해를 추구하는 과정이다. 신에 대한 지적 탐구와 그 의미를 심도 있게 사유한다면, 본질 속에 내재되어 있는 관계적 요인들의 구조와 연결성을 파악할 수 있을 것이다.

이 탐구의 중심에는 신의 본질인 무한성과 우리 자신과의 연결이 있다. 신은 모든 것의 근본적인 원인이며, 모든 존재와 현상은 신에서 비롯되고 신에 의해 유지된다. 따라서 각각의 요인들이 삶과 외부 세계에 연결되는 인과적 관계를 명확히 숙고하라. 바로 앞에 있는 사물이 내 삶에 어떤 영향을 끼치는가? 우리가 이처럼 실체를 구성하는 요소에 대한 심도 있는 이해를 추구함으로써, 우주와 우리 자신의 본질에 대해 보다 깊이 이해하게 된다.

이 지적 탐구는 우리의 삶에 능동성을 부여한다. 단순히 요인들의 관계성과 연결성을 수동적으로 수용하는 것이 아니라, 명확하게 이해하고 설명할 수 있을 때에 우리는 자신의 의지를 능동적으로 표현할 수 있게 된다. 그럼으로써 인식과 가치 체계는 변화하며 이는 전체적인 삶의 방식을 발전시킨다.

따라서 신에 대한 지적 탐구는 우주와 우리 자신에 대해 깊이 이해함으로써 삶을 보다 의미 있고 충만하게 만드는 위대한 과정이다.

2.3. 지적 사랑의 경험: 영적 각성과 내적 평화

● 지적 사랑을 통한 영적 각성

우리가 사유를 추구하는 과정에서 특정한 단계에 이르면, 사유의 능동성과 수준이 급격히 향상되는 핵심적인 변환점에 이른다. 그 것은 바로 지적 사랑을 통해 달성되는 영적 각성이다. 앞서 언급한 바와 같이 지적 사랑이란, 신의 본질에 대한 깊은 지적 이해와 그에 따른 감정의 결합을 통해 신과의 일체감을 느끼는 것을 의미한다. 지적 사랑의 정도가 최고점에 도달할 때 우리는 영적으로 각성할 수 있다.

이러한 점을 고려할 때, 영적 각성은 우리가 신의 무한성과 우리 자신의 연결을 깊이 이해할 때 발생하는 것이다. 지적 사랑을 통해 우리는 이러한 연결을 깊이 이해하고, 우리 자신의 존재가 실체와 연결되어 있다는 영적인 본성을 깨달을 수 있다. 이는 우리가 우리 자신과 우리를 둘러싼 세계에 대해 보다 깊고 포괄적인 이해를 얻게 하는 경험이다.

이 영적 각성은 내적 평화와 긴밀하게 연결되어 있다. 우리가 영적 각성에 도달하면 자신의 존재에 대해 보다 평온하고 안정된 감정을 경험하게 된다. 우리의 존재적 성질을 포함한 모든 요소가 그저 실체에 의해 운용되는 절대적 원리에 따라 비의도적으로 변화할 뿐이라는 사실을 체감하게 되기 때문이다. 이러한 내적 평화는 우리가 삶의 도전과 고난에 직면할 때 우리에게 힘과 안정을 제공한다.

또한 지적 사랑을 통한 영적 각성의 도달 과정에는 인식적 이해를 높이는 것 뿐만 아니라 실천적 행위를 통해 그러한 이해를 체화하는 것도 중요하다. 일상에서 자비를 베풀고 공감과 이타주의를 실천하는 것은 우리와 세계를 둘러싼 연결성을 무의식적으로 인식하기에 효과적인 방법이다. 또한 자연과의 조화로운 관계를 추구하며, 마음의 평온을 위한 심오한 성찰과 명상을 지속하라. 그러한 실천을 행하는 것은 우리가 실체와 연결되어 있음을 감각적으로 인지시킬 것이며, 그럼으로써 우리는 신의 무한한 본질에 더 가까워지고 우리 존재의 깊은 의미와 목적을 찾을 수 있을 것이다. "

● 내적 평화와 지적 사랑의 관계 심화

우리는 왜 지적 사랑을 통한 영적 각성을 추구해야 하는가? 그것은 내적인 평화와 지적 사랑이 깊이 연결되어 있기 때문이다. 내적 평화는 우리의 마음과 영혼이 조화와 균형을 이루었을 때 경험하는 상태이다. 이 상태에 이르게 되면, 우리는 겉으로 인지되는 1차적인 정보를 거러내고, 그 안에 내재된 다차적이며 심도있는 정보를 인식할 수 있게 된다. 또한 내적 평화는 우리가 삶의 도전과 고난에 더 잘 대처할 수 있게 해준다. 우리가 신과의 깊은 연결을 통해 평화를 경험하면, 우리는 외부 세계의 혼란과 스트레스에 흔들리지 않는 안정된 내적 기반을 가질 수 있다. 이 평화는 우리의 마음과 영혼을 강화하고, 우리가 우리 삶의 길을 더 명확하게 보게 해준다.

이러한 상태가 우리의 이성과 직관이 가장 잘 발휘되는 상태이며, 이는 신에 대한 깊은 지적 사랑을 통해 달성될 수 있다. 신의 본질과 우리와의 관계에 대한 깊은 이해에서 비롯되는 지적 사랑은 이처럼 우리의 내면에 평화와 조화를 가져온다.

신에 대한 지적 사랑은 우리가 신의 무한성과 우주적 연결을 깊이 이해하고 체감할 때 생긴다. 이러한 이해는 우리가 자신과 우주의 일부로서의 위치한 자아의 존재를 더 깊이 인식하게 해준다.

지적 사랑을 통한 내적 평화는 정원을 가꾸는 것에 비유할 수 있다. 정원사가 깊은 이해와 전문성을 바탕으로 다양한 식물들을 심고 가꾸어 균형 잡힌 정원을 만드는 것처럼, 우리는 실체에 대한 이해를 바탕으로 자신의 마음과 영혼을 가꾸어 내적 평화를 이룰 수 있다. 이때 마음속의 감정과 영혼은 식물과 같으며, 이를 잘 가꾸고 관리함으로써 우리는 마음과 영혼의 균형과 조화를 이룰 수 있다. 여기서 정원을 구성하는 체계를 이해하고자 하는 노력이 바로 지적 사랑을 행하는 것이며, 이 과정은 지속적인 노력과 사랑을 필요로 한다. 그 결과로 우린 평화로운 내면의 정원을 창조할 수 있다.

이 둘은 하나가 다른 하나를 일방적으로 강화하는 인과적 관계가 아니라 서로가 서로를 강화하는 상호보완적 관계에 있다. 우리가 신에 대한 깊은 지적 사랑을 통해 내적 평화를 경험하면, 우리는 우리 자신과 우리 삶에 대해 보다 깊고 풍부한 이해를 얻게 되며, 이것은 우리의 전체적인 존재성을 확장시킨다.

● 지적 사랑을 통한 자기 변화

우리의 삶과 존재를 변화시키는 것은 우리가 지적 사랑을 추구하는 또 다른 이유이다. 우리는 우리 자신의 본성과 우주와의 관계를 깊이 이해하는 지적 사랑을 통해 극적으로 변화할 수 있다. 이 과정에서 우리는 생각과 감정에 대한 새로운 인식을 얻게 되며, 이는 우리의 전체적인 존재성을 변화시킨다.

존재성의 변화란 대체 무엇을 의미하는가? 그것은 바로 우리의 가치관과 세계관이 실체와 연결되는 방향으로 변화하는 것을 뜻한다. 우리가 신의 본질에 대해 더 깊이 이해하게 됨에 따라,

우리는 우리의 삶에 대해 보다 실체와 결부되어 있는 관점을 갖게 되며, 이것은 우리의 일상적인 경험과 삶의 큰 결정들에 대한 우리의 접근 방식을 변화시킨다.

따라서 지적 사랑을 통한 자기 변화를 통해 우리 자신과 세계에 대한 보다 깊은 이해를 얻고, 우리의 삶에 보다 큰 의미와 목적을 부여하라. 이것은 우리의 인식과 삶에 긍정적인 변화를 가져오며, 우리의 전체적인 존재성을 긍정적으로 변화시킬 것이다.

2.4. 자아와 우주: 신과의 관계에서의 자아의 위치

● 자아와 신의 관계 이해

자아와 신은 어떠한 관계를 갖고 있는가? 자아와 신의 관계를 이해하려면 우리가 자신과 우주를 어떻게 인식하고 있는지에 대한 질문을 던져야 한다. 자아와 신의 관계를 이해하는 것은 우리가 신의 본질, 즉 무한한 존재에 대한 인식을 통해 우리 자신을 이해하는 과정이기 때문이다.

우리의 존재는 독립적으로 존재할 수 없으며 지속적으로 외부 세계와 상호작용한다. 이는 실체에 기반해 존재하는 우리의 본성에 기인한 것이며, 이러한 사실은 우리가 신과 긴밀한 연결을 가지고 있음을 보여준다. 이는 우리의 자아가 단순히 개별적인 존재가 아니라 우주의 본질적인 부분에 속한다는 것을 나타낸다.

이러한 관계의 이해는 우리에게 우리 자신의 삶과 존재에 대한 새로운 관점을 제공한다. 우리가 우리 자신을 신과 깊이 연결된 존재로 인식하게 되면, 우리는 우리의 행동과 생각에 대해 더 큰 통제력을 갖게 된다. 이는 우리의 자기 자신을 인식하고 전체적인 존재성을 표현하는 방식에 긍정적인 변화를 가져온다. 이러한 현상은 우리의 자아가 실체에 속한 동시에 실체와 동일한 특성을 띠기 때문에 발생한다. 또한 이러한 특성한 무한한 존재인 실체의 특성으로 인해, 세계를 구성하는 모든 요소에 적용된다.

성과 성벽이 있다고 가정해보자. 성을 둘러싼 성벽은 개별적인 '자아'를 나타낸다. 성과 성벽은 별개의 요소로 보이지만, 실제로는 서로 연결되어 있으며 성벽은 성의 일부분이다. 성벽이 성의 일부분임과 동시에 연결된 것처럼, 우리의 자아도 신의 본질을 반영하고 그 일부를 표현하며 신의 존재가 자아의 의미를 규정한다.

그러므로 우리 자신과 주변 세계를 무한한 신의 표현으로 인식하는 관점을 취하라. 우리는 자신의 생각과 행동이 단순히 개인적인 차원을 넘어 우주와 연결되어 있음을 인식하고, 이러한 관점에서 의사결정을 해야 한다. 즉, 우리의 선택과 행동이 신의 본질을 반영함과 동시에 우리와 자연 세계에 대한 책임감을 강화해야 한다. 이를 통해 자아와 신의 관계에 대한 이해를 강화함으

스피노자의 가르침

로써 우리는 우리 자신과 우주에 대한 보다 깊은 이해를 얻고, 우리의 삶에 보다 큰 의미와 목적을 부여한다.

● 우주적 관점에서 본 자아

우주적 관점에서 자아를 바라보는 것은 우리 자신을 단순히 독립된 개체로 보는 것이 아니라, 우주의 광대한 체계와 그 일부로서 이해하는 것을 의미한다. 우리는 우리의 존재를 우주의 한 부분에 속한 것으로 이해하는 우주적 관점을 유지해야 한다. 이 관점에서 우리의 자아는 신의 무한한 존재와 깊이 연결되어 있으며, 우주의 본질과 조화를 이룬다.

우주적 관점은 우리 자신을 우주의 무한한 맥락 안에서 볼 수 있게 한다. 우리는 이를 통해 우리의 존재가 단순히 개인적인 욕망과 경험에 국한되지 않음을 깨달을 수 있다. 우리는 스스로를 개인적 감정과 욕망을 넘어선 범주인 우주의 근본적인 질서와 연결된 존재로서 인식하게 되며, 이러한 인식은 삶의 의미와 목적에 대한 새로운 관점을 제공한다. 즉, 우리에게 더 광범위하며 초인류적인 사고를 하게 만든다는 것이다.

우주적 관점에서, 우리의 행위는 곧 실체와 본질의 표상이다. 이것은 우리가 우리의 삶을 보다 의미 있고 목적 있는 방식으로 살아가는 데 도움을 준다. 따라서 우리는 우리의 존재와 행동이 우주적 맥락 안에서 어떤 영향을 미치는지를 인식해야 한다. 우리의 행위는 연결되어 있으며, 우리의 인식 범위 안에서 허용되는 작은 행위조차 우주적으로는 큰 의미를 갖는 것으로 인식되기 때문이다. 당신의 행위가 스스로의 기대 이상으로 가치 있을 수 있음을 인식하라. 이것은 우리가 우리의 삶을 보다 책임감 있고 의미 있는 방식으로 살아가는 데 영감을 준다.

따라서 우주의 일부로 자아를 인식함으로써, 우리의 개별적인 경험과 욕망을 초월해 우리의 존재가 우주적인 맥락 안에서 어떻게 의미를 가지는지를 이해하라. 그 결과로 삶에 대한 우리의 관점이, 본성적으로 제한된 한계를 초월해 확장될 것이다.

● 신과의 관계 속에서 자아의 성장

모든 것의 본질인 신과의 관계 속에서 자아의 성장을 탐구하는 것은 매우 높은 수준의 자기 이해와 영적 성장을 촉진한다. 신과의 관계를 맺는다는 것은 곧 자아가 신 또는 자연의 무한한 속성의 표현이라는 것을 인식하는 것이다. 우리가 신과의 관계 속에서 성장함으로써, 우리는 우리의 내면적인 힘과 능력을 더욱 개발하고 확장할 수 있다. 이는 우리가 우리 자신의 한계를 넘어서고, 우리의 진정한 잠재력을 실현하는 과정이다.

식물은 태양의 빛과 에너지를 받아 성장하고 번성한다. 태양의 빛이 없으면 식물은 생장할 수 없다. 식물은 태양에게 필요한 영양과 에너지를 제공받기 때문이다. 자아 또한 식물과 같이 태

스피노자의 가르침

양으로 표상되는 신과 관계를 맺음으로써 영적인 성장을 이룰 수 있다. 이처럼, 자아는 신과의 관계를 통해 영적 에너지와 인식을 얻고, 이를 통해 내면적인 힘과 능력을 개발하고 확장한다.

이러한 자아의 성장은 우리가 우주적인 관점에서 우리 자신의 삶을 바라보게 한다. 우리는 우리의 개별적인 경험과 고민이 우주의 더 큰 질서와 어떻게 연결되어 있는지를 이해하게 되며, 이는 우리의 삶에 대한 우리의 관점을 확장시킨다. 우리의 사고와 감정 또한 결국, 실체의 표현에 해당하기 때문이다. 이 과정을 통해 우리는 또한 우리의 삶과 행동에 대해 더 큰 책임감을 느끼게 되며, 우리는 우리의 행동이 단순히 개인적인 결과를 초래하는 것이 아니라 우주적인 맥락에서 중요한 영향을 미칠 수 있음을 이해할 수 있다. 이러한 책임감은 우리가 우리의 삶을 보다 의미 있고 목적 있는 방식으로 살아가는 데 도움을 준다. 그럼으로써 우리는 우리 자신의 한계를 넘어서는 방법을 배우게 된다. 우리는 신과의 관계 속에서 우리의 잠재력을 깨닫고, 이를 발전시킬 수 있는 방법을 찾게 된다. 이것은 우리의 삶과 존재에 대한 우리의 이해를 근본적으로 변화시키며, 우리에게 새로운 영감과 목적을 제공한다.

결국, 신과의 관계 속에서의 자아 성장은 우리의 영적 발전과 자기실현에 중요한 역할을 한다. 이 과정을 통해 우리는 우리 자신과 우주에 대해 보다 깊은 이해를 얻고, 우리의 삶에 보다 큰 의미와 목적을 부여한다. 이것은 우리의 인식과 삶에 긍정적인 변화를 가져오며, 우리의 전체적인 존재를 향상시킨다.

2.5. 신을 향한 지적 탐구

● 지적 탐구를 통한 영적 여정

지적 탐구는 우리가 신과의 관계를 정립하는 영적 여정에 중요한 영향을 미치는 요인이며 우리의 삶과 존재에 근본적인 변화를 촉진하는 행위이다. 앞에서 언급한 바와 같이 지적 탐구란, 신의 본질과 우주의 근본적인 질서에 대한 깊은 이해를 추구하는 과정을 의미한다. 이 탐구는 단순한 지식의 수집을 넘어서, 우리의 내면적인 인식과 영적인 성장을 추구한다.

여기서 언급한 영적 여정은 우리가 신의 본질, 즉 무한한 존재와 그 속성을 체화하려는 노력이다. 우리는 신의 무한성과 우주와의 연결을 깊이 사유함으로써, 그것의 존재와 영향을 인지하고 느낄 수 있다. 이러한 사유적 행위는 우리 자신과 우주의 일부로서의 우리의 위치를 더 깊이 이해하도록 도우며, 이것은 우리의 인식과 삶에 근본적인 변화를 가져온다.

지적 탐구를 통한 영적 여정에서 가장 핵심적인 것은 자연의 그 어떠한 것도 우연이 아니라는 것이다. 세계의 모든 것은 모든 것의 본질 속에서 특정한 법칙에 의해 표상된 것들이며, 우리가 신의 본질에 대해 깊이 탐구함으로써 우리는 우리 자신의 영적인 본성을 더 깊이 이해하고, 우리의 삶에 대해 더 깊은 의미를 찾게 된다.

● 영적 여정의 범위 확장

이러한 개념들을 통합한 지적 탐구를 통해 우리는 영적 여정을 더 깊이 심도 있게 확장할 수 있다. 이 지적 탐구의 핵심은 신의 본질과 우주적 진리에 대한 이해를 추구하는 것이다. 이것은 단순히 지식의 축적이 아닌, 우리의 존재와 우주에 대한 깊은 사유와 통찰을 포함한다. 그렇다면 더 효과적으로 이러한 목적을 달성하기 위한 방안은 무엇인가?

첫 번째로, 지적 탐구의 깊이는 우리가 신의 본질, 특히 그의 무한성과 영원성에 대해 얼마나 깊이 사유하고 이해하는지에 달려있다는 것을 인식하라.

우리가 지적 탐구의 깊이를 강화하는 과정은 등반가가 산을 오르는 행위와 유사하다. 산을 오르는 등반가는 정상에 도달하기 위해 다양한 경로와 도전을 경험한다. 이 과정에서 등반가는 자신의 한계를 시험하고, 더 높은 곳으로 나아가기 위해 끊임없이 자신을 넘어서려고 노력한다. 이렇게 깊이 있는 탐구는 신의 무한함과 우리 자신의 존재를 연결짓는 데 유용하다.

두 번째로, 이러한 탐구는 우리가 우주와의 연결을 이해하는 방식을 확장한다는 것을 인식하라. 지적 탐구를 통해 우리는 우리 자신을 단순한 개별 존재가 아니라, 더 큰 우주적 질서의 일부로서 인식하게 된다. 이 인식은 우리의 자아에 대한 이해를 깊게 하며, 우리의 삶에 대한 새로운 관점을 제공한다.

세 번째로, 지적 탐구의 범위는 우리가 탐구하는 주제의 다양성과 그것들에 대한 우리의 접근 방식에 달려있다. 우리는 신의 속성과 우주의 질서, 인간 본성 등의 다양한 주제들을 깊이 탐구함으로써 우리의 영적 여정을 풍부하게 만들 수 있다.

지적 탐구의 범위를 확장하는 것은 화가가 사용하는 다채로운 색상의 팔레트와 같다. 화가는 다양한 색을 사용하여 더 풍부하고 다층적인 그림을 그릴 수 있다. 마찬가지로 우리는 신의 관련된 다양한 주제들을 탐구함으로써, 지적 여정을 더 풍부하고 다층적으로 만들 수 있다. 각각의 주제는 다른 색상과 같이 우리의 이해와 통찰에 새로운 차원을 추가하며, 전체적인 영적 그림을 더욱 풍부하게 만든다. 이렇게 다양한 주제에 대한 탐구는 우리의 인식을 넓히고, 우리의 삶에 대한 더 깊은 이해를 가져온다.

지적 탐구는 우리의 영적 발전에 필수적인 활동이다. 우리는 이 탐구를 통해 우리 자신과 우주에 대한 깊은 이해를 얻고, 우리의 삶에 대한 보다 큰 의미와 목적을 찾게 된다. 이것은 우리의 삶에 긍정적인 변화를 가져오며, 우리의 영적 여정을 풍부하게

스피노자의 가르침

만든다.

따라서 지적 탐구를 통한 영적 여정의 깊이와 범위가 우리의 전체적인 존재에 근본적인 영향을 미친다는 사실을 기억하라. 이 탐구는 우리의 삶과 행동에 대한 책임감을 증대시키며, 우리는 우리의 행동이 개인적 결과뿐만 아니라 우주적 맥락에서도 중요한 영향을 미칠 수 있음을 깨닫게 된다. 이 책임감은 우리가 삶을 보다 의미 있고 목적 있는 방식으로 살아가는 데 영감을 준다.

● 지적 탐구를 어떻게 수행해야하는가

지적 탐구의 여정은 장기간 지속해야 하는 존재적 성찰의 과정이다. 이 과정을 수행함에 있어, 올바른 방향으로 향하기 위한 지적 탐구를 위해 다음과 같은 탐구 강령을 제언한다.

첫 번째는 이성과 합리적 사고의 중요성을 인식하고 활용하는 것이다. 지적 탐구를 행할 때, 감정이나 선입견에 의존하기보다는 이성과 논리를 기반으로 사물을 분석하고 이해하려고 노력해야 한다. 비판적 사고를 적용해 정보와 주장을 검증하고, 근거에 기반한 결론을 도출하는 것이 중요하다.

둘째, 지적 탐구는 한 번에 완성되는 것이 아니라, 지속적인 학습과 탐구 과정이다. 다양한 분야에 대한 지식을 넓히고 새로운 관점을 탐색하는 열린 마음을 가지는 것이 중요하다.

셋째, 지속적으로 자기 인식과 자기 비판을 행하라. 자신의 사고방식과 가정을 이해하고, 자신의 한계와 편향을 인식하는 것이 중요하다. 이를 통해 보다 명확하고 객관적인 탐구를 할 수 있다.

넷째, 이론과 현실 세계 사이의 연결을 추구하라. 지적 탐구는 이론적인 사유에 그치지 않고, 실제 생활과 어떻게 연결되는지를 고민해야 한다. 이는 지식을 실생활에 적용하는 데 도움이 되며 실제 문제 해결에 기여할 수 있다.

마지막으로 지적 탐구를 행함에 있어 윤리적 원칙을 고수하라. 지적 탐구 과정에서 윤리적 원칙과 가치를 고려하는 것이 중요하다. 이는 지식의 추구가 개인의 성장과 사회적 이익에 기여할 수 있도록 한다.

상기와 같은 강령을 준수할 때 우리는 보다 효과적인 지적 탐구를 수행할 수 있으며 그럼으로써 더 높은 영적 수준에 도달할 수 있을 것이다.

스피노자의 가르침

제5부

영원성에 대한 성찰

\ 스피노자의 가르침 \

1.
죽음과 영원성
: 인간 존재의 끝과 시작

...

1.1. 죽음의 의미

이 장에서 우리는 영원성에 대해 탐구할 것이다. 영원성을 사유하기 위해선 먼저 죽음에 대해 알아보아야 한다. 일반적으로 죽음과 영원성은 상반되는 개념으로 인식되기 때문이다.

　나에게 있어 죽음이란, 단순히 생명의 끝을 뜻하는 것이 아닌 존재의 변화를 의미한다. 이 세상의 모든 것은 끊임없는 움직임과 변화의 연속이며, 죽음 또한 이 변화의 일부에 불과하다. 우리가 존재의 한 형태로서의 생명을 경험한 후 죽음은 그 경험의 변형이자 전환점이 되는 것이다.

　그러므로 우리는 변화에 불과한 죽음을 두려워할 필요가 없다. 죽음을 두려워하며 살아가는 것은 무한한 존재의 일부로서 우리 자신을 인식하지 못함에서 비롯된다. 우리가 무한한 존재의 일부라는 사실을 이해하면, 죽음은 단절이 아닌 연속성의 한 형태로 인식될 것이다. 죽음이라는 현상을 통해 우리는 인간 존재의 유한함을 넘어서는 깊은 이해에 도달하며, 이것이 곧 영원성에 대한 통찰로 이어진다.

우리가 삶을 통해 이러한 진리와 연결되려 노력한다면, 결국 우리는 이 진리를 통해 죽음을 넘어설 것이다. 즉, 죽음을 인간 존재의 끝으로 보지 말고 존재의 다른 형태로의 전환점으로 이해하라. 이것이 곧 영원성을 이해하기 위한 핵심적인 전제 조건이다.

● 죽음에 대한 고찰

우리는 자연의 일부이므로, 물리적 존재의 최후를 의미하는 죽음이 자연의 순환 속에서 나타나는 불가피한 순간임을 인지하고 수용해야 한다. 이 순환은 끊임없이 진행되는 것이므로, 죽음은 존재의 영속적인 흐름에서 하나의 순간만을 차지할 뿐이다. 또한 모든 것이 상호 연결되어 있으므로, 결국 죽음도 이 연결의 일부이며 이는 곧 존재의 또 다른 형태로의 변화를 내포하는 것이다.

죽음이 무한한 연결에 속한다는 근거는 우리가 바로 실체인 자연의 일부라는 것이다. 이러한 명제가 참이므로 죽음은 단지 생명의 끝이 아니라, 존재의 연속에서 일어나는 변화라는 사실이 도출된다. 이 변화를 통해 우리는 죽음에 대한 기존의 인식을 넘어설 수 있으며, 죽음 이후의 우리의 인식은 종결되는 것이 아닌 확장으로 이어진다.

여기서 죽음이 인식의 확장으로 이어진다는 사실은 반직관적지만, 이는 명확한 사실이다. 살아있는 동안 우리는 주로 육체적 경험에 의존하여 세계를 인식하고, 이는 우리의 이해 범위를 제한한다. 그러나 죽음을 통해 우리는 이 육체적 경계를 초월하여 무한한 존재의 일부로서의 우리 본질, 즉 영적이고 근원적인 차원을 경험하게 된다. 이로써 죽음은 유한한 인식을 넘어서는 필연적인 과정으로 이해되며, 이는 우리가 일상에서는 접근하기 어려운 깊은 인식의 차원을 열어준다.

이처럼 우리의 영혼이 불멸하며 무한한 신의 일부라는 것을 깨닫는다면 죽음은 존재의 한 형태에서 다른 형태로의 이행일 뿐이다. 이 사실을 이해함으로써 우리는 죽음을 넘어선 영원한 존재의 일부가 된다.

삶과 죽음의 관계는 계절의 변화를 통해 더 명확히 드러난다. 봄에는 새 생명이 태어나고, 여름에는 성장하며, 가을에는 결실을 맺고, 겨울에는 휴식하며 새로운 순환을 준비한다. 여기서 각 계절은 존재의 다양한 단계를 상징하며, 겨울은 죽음과 유사한 존재의 휴식 단계를 나타낸다. 겨울이 지나고 봄이 오듯이, 죽음은 새로운 시작을 위한 과정에 불과하다. 계절의 변화는 우리가 죽음을 통해 육체적 경험을 넘어서 무한한 존재의 일부로서의 우리 본질을 이해할 수 있음을 알려준다. 겨울의 끝과 봄의 시작처럼 죽음은 존재의 한 형태에서 다른 형태로의 이행을 나타내며, 이를 통해 우리는 삶과 죽음을 겪는 영원한 순환의 일부임을 깨닫게 된다.

그러므로 죽음은 인식의 한계를 넘어서는 경험인 것이며, 이를 통해 우리는 우리의 진정한 본성, 즉 무한하고 불멸하는 존재의 일부로서의 자신을 더 깊이 이해하게 된다. 이는 곧 실체에 종속된 우리의 위치를 재확인하는 순간이 된다.

그러한 방식으로 우리의 영혼이 불멸하며 무한한 실체의 일부라는 것을 이해하면, 결국 죽음은 영원한 존재의 일시적인 변화일 뿐이다. 우리가 신의 본성을 내재하고 그 안에서 우리 자신의 본성을 찾으려 할 때, 우리의 영혼은 그 본질에서 변하지 않음을 알게 된다. 이러한 이해는 우리에게 죽음에 대한 두려움을 넘어서는 영원한 평화에 대한 인식을 제공한다.

● 죽음에 결부된 인간 존재의 한계와 관련하여

우리가 삶과 죽음을 자연, 즉 실체와 불가분의 관계로 이해할 때 인간 존재의 한계성에 대한 통찰을 얻을 수 있다.

일반적인 인식에 따르면 우리의 신체는 유한하고 취약하므로,

죽음은 이 유한성에 따른 필연적인 결론이다. 그러나 우리가 신과 실체와 불가분의 관계에 있음을 깨닫는다면 우리의 영혼은 이 유한한 신체를 넘어서는 무한한 존재의 일부로서 존재한다. 이 무한한 존재가 갖는 특성에 따라, 우리는 죽음은 우리의 영혼에 영향을 미치지 않는다. 이러한 사실은 죽음이 우리의 신체적 존재를 종결시키는 것은 사실이지만, 우리의 영혼은 계속해서 신의 무한한 실체 안에서 존재하는 사실에서 기인한다. 이 사실은 우리에게 죽음에 대한 두려움을 넘어서는 내적 평화를 제공한다.

따라서 죽음은 우리가 인간으로서 경험하는 한계를 넘어서는 것이며, 이는 우리가 신과 자연의 더 큰 실체의 일부임을 상기시킨다. 이는 우리의 삶을 더 의미 있고 깊이 있는 것으로 만들며, 우리가 직면하는 고통에 대한 우리의 태도를 하나의 전환점으로 승화시킨다.

1.2. 영원성의 중요성

● 영원성이란 무엇인가?

영원성은 모든 것이 연결된 무한한 존재가 변화나 시간의 흐름에 영향을 받지 않는 특성을 의미한다. 신은 영원하므로 시간의 제약을 받지 않는 존재로 간주된다는 것이다. 우리는 자연과 신을 하나로 보는 범신론의 관점에서 영원성을 근본적으로 이해할 수 있다.

영원성은 단순히 시간적 확장에 국한되는 개념은 아니다. 이것은 시간에 관한 우리의 유한한 인식으로 인한 오해이다. 영원성은 시간을 초월한 존재의 근본적인 상태적 무한성을 뜻한다. 이는 명백히 우리가 일상에서 경험하는 시간과는 근본적으로 다르다. 영원성이란 실체가 가진 특성을 의미한다. 우주의 모든 존재가 불변하는 실체의 다양한 형태로 표현된 것이며, 각각의 개별 존재가 독립적인 실체가 아니라 실체가 변용된 양태임을 고려할 때, 영원성은 변용에 의해 생성된 양태와 변화의 대상이 동일하다는 특성으로 인해 실체의 존재가 영원히 유지될 수 밖에 없다는 사실에서 기인하는 것이다. 또한 실체에서 표상된 모든 개별 존재와 사건은 서로 영향을 주고받으며, 이 상호작용은 끊임없이 진행된다. 이러한 과정을 거쳐 모든 것이 상호 연결되어 있으며 모든 것이 실체의 일부임을 이해하면, 영원성은 모든 존재의 근본적인 연결성을 반영하는 개념이 된다. 이 연결성은 물리적 시간과 공간을 넘어선 것으로, 우리가 경험하는 시간의 연속성과는 다른 차원의 존재를 나타낸다. 정리하자면, 영원성이란 실체의 변용에 따른 양태가 반복적으로 생산되며 상호작용하는 원리와 법칙의 무한한 지속성을 의미하는 것이다.

또한 우리의 삶은 단순히 시작과 끝의 선형적 구조로 이루어

스피노자의 가르침

진 것이 아니라, 끊임없이 변화하고 진화하는 과정에 있다. 이 과정은 신의 무한한 본성과 연결되어 있으며, 이를 통해 우리는 우리 자신과 우리가 속한 세계에 대한 더 깊은 이해를 얻을 수 있다.

● 영원성이 인간 존재에 미치는 영향과 의미

인간의 사유는 시간을 초월해, 진리에 접근할 수 있는 능력을 갖고 있다. 따라서 우리는 영원성의 개념을 이해할 수 있으며, 우리 자신과 우리가 속한 세계를 시간적 제한을 넘어서는 방식으로 바라볼 수 있다. 이러한 이해는 우리의 삶에 깊이와 의미를 부여하며, 우리가 직면하는 도전과 어려움에 대해 더 넓은 시각을 가지게 한다.

영원성은 시간과 공간을 초월하는 신의 본성이며, 우리는 이 영원성의 일부이다. 존재하는 것은 변화하는 성질을 갖고 있으며, 모든 존재가 인식할 수 없을 정도의 무수히 많은 방식으로 상호작용하고 있다는 것에 대한 이해는, 우리가 일시적이고 변화무쌍한 세상에서 겪는 고통과 좌절을 넘어설 수 있게 해준다. 결국 이 상황 또한 빠르게 변화할 것이며 본질적으로는 그 또한 자아의 표상이기 때문이다. 그럼으로써 우리는 삶과 죽음, 기쁨과 슬픔을 포괄하는 더 큰 틀에서 세상을 바라본다. 이러한 관점은 우리의 삶에 균형과 평화를 가져다주며, 우리가 직면하는 도전과 어려움을 더욱 의연하게 대처할 수 있게 한다.

이처럼 우리가 영원성의 일부임을 인식하게 되면 우리의 일상적인 경험과 고민들은 새로운 관점에서 조명된다. 우리의 삶은 단순한 생존의 연속이 아니라, 더 큰 실체와 연결된 의미 있는 과정이 되기 때문이다. 우리는 일시적인 것들에 대한 집착에서 벗어나 장기적인 평화와 만족을 얻을 수 있다.

따라서 영원성은 우리 삶의 이해와 태도를 변화시키는 중요한 개념이다. 영원성에 대한 깊은 이해는 우리에게 삶의 의미를 재해석하고, 우리 자신과 우리가 속한 세계에 대해 더 깊은 연민과 사랑을 느끼게 한다.

1.3. 죽음과 영원성의 상호작용

● 죽음과 영원성의 상호작용에 대한 탐구

죽음은 단순한 생명의 종말이 아닌, 존재의 끊임없는 흐름 속의 한 단계이다. 죽음에 대한 이러한 통찰을 통해 죽음과 영원성에 대한 상호작용의 관계를 파악할 수 있다.

죽음은 우리가 시간적으로 경험하는 삶의 끝을 의미하지만, 영원성의 관점에서 볼 때, 그것은 존재의 다른 형태로의 전환일 뿐이다. 영원성은 일시적인 것들에 대한 우리의 집착을 넘어서게 하며, 인간 존재를 새로운 관점에서 바라볼 수 있게 해준다. 이는 우리의 본질이 육체가 아니라, 정신적인 영역에 속하기 때문이다. 이 사실은 우리의 영혼이 무한한 실체의 일부로 계속 존재하는 과정 속에서 지속적으로 심화된다.

죽음과 영원성의 상호작용에 대한 깊은 이해는 우리에게 삶과 죽음의 본질적인 관계를 재고하게 만든다. 죽음이라는 사건을 통해 우리는 삶의 한계를 인식하고, 동시에 영원성이라는 광대한 존재의 맥락 속에서 그 의미를 찾게 된다. 이러한 인식은 우리로 하여금 삶의 순간들을 더욱 소중히 여기게 하며, 현재에 더욱 집중하도록 격려한다.

영원성은 죽음을 넘어선 존재의 연속성을 의미하며, 이는 우리가 경험하는 삶의 형태를 변화시키는 역할을 한다. 영원성을 통해 우리는 우리 자신과 우리가 속한 우주의 본질에 대해 더 깊이 사유하게 되고, 존재의 근원과 연결되는 느낌을 경험하게 된다. 이러한 깊은 연결감은 죽음을 단순한 종말이 아닌, 새로운 형태의 존재로의 전환으로 이해하게 만든다.

이는 또한 우리에게 삶의 의미와 목적에 대해 물음을 던지게 한다. 삶이 변화한다는 사실을 받아들임으로써, 우리는 순간의 가치와 중요성을 더욱 인식하게 되며, 우리의 행동과 선택이 영원성의 맥락에서 어떤 의미를 가질지 고민하게 된다. 이 과정에서 우리는 자신의 존재를 더욱 깊이 이해하고, 삶을 통해 영원성에 이르는 길을 모색하게 된다.

결론적으로, 영원성의 관점에서 죽음을 고려하는 것은 인간 존재에 깊이와 넓이를 더해주는 중요한 요소이다. 이러한 상호작용을 통해 우리는 삶과 죽음의 의미를 탐구하고, 우리의 존재가 가진 무한한 가능성을 인식하게 된다. 이 과정에서 우리는 삶의 깊이를 탐구하고 우리의 존재가 우주와 어떻게 연결되어 있는지를 이해하게 되며, 이러한 이해는 우리로 하여금 더욱 풍요롭고 의미 있는 삶을 살도록 영감을 준다.

2.
영원한 삶
: 영원성에 대한 철학적 탐구

...

2.1. 영원성과 시간의 관계

● 영원성과 시간

언급한 바와 같이, 우리가 시간을 경험하는 방식은 우리의 유한한 인식에 의해 제한되어 있다. 일상적으로 우리는 시간을 연속적이고 선형적인 것으로 경험하며, 우리는 생각과 감정이 변화하는 개별적인 순간들에 종속되어 있는 것으로 인식한다. 이러한 선형적인 시간에 대한 정의가 우리의 일상을 형성하며, 우리의 인식은 이러한 시간적 틀 안에서 존재하는 것처럼 보인다.

반면에, 영원성은 시간적 제약을 넘어서는 존재의 상태로 이

해된다. 영원성은 변하지 않는 실체의 상태와 존재의 생성 원리
를 나타내며, 이는 시간의 순환적이며 선형적인 특성을 초월한
다.

예를 들면, 우리가 일상에서 시간을 경험하는 방식은 '음악 연
주'와 같다. 음악은 연속적이고 선형적으로 흘러가며, 각 음표와
멜로디는 순차적으로 연주된다. 이는 우리가 시간을 경험하는 방
식과 유사하다. 우리는 각 순간을 하나하나 겪으며, 시간은 연속
적으로 흘러가는 것처럼 느껴진다.

반면, 영원성은 '악보'와 같다. 악보는 음악의 전체 구조를 한
눈에 보여준다. 모든 음표와 멜로디가 동시에 존재하며, 시간의
제약을 받지 않는다. 악보를 보면, 음악의 시작과 끝을 포함한 모
든 부분이 동시에 존재하는 것처럼 보이며, 이것이 곧 영원성의
개념과 유사하다. 영원성은 시간을 초월한 존재의 상태로, 모든
순간들이 포함된 광대한 존재의 일부로 이해된다.

이러한 이해를 통해 우리의 인식은 무한한 실체인 신 또는 자
연의 본성에 더욱 근접할 수 있다. 이러한 관점에서 시간은 영원
성의 한 측면일 뿐이며, 우리가 경험하는 시간의 흐름은 더 큰 존
재의 틀 안에서 이해된다. 이는 우리에게 물리적 시간을 초월하여
우주의 본질에 대한 더 깊은 인식을 제공한다. 영원성에 대한 이
해는 본질을 직접적으로 인식하도록 도와주므로 우리의 삶과 존
재에 대한 더 깊은 여유를 가져오며, 존재가 영원히 지속된다는

점에서 인생에 더 큰 의미와 가치를 부여한다.

이렇게 우리가 영원성을 인식하게 되면, 우리는 우리의 일상적인 경험을 시간적 제약을 넘어서는 방식으로 바라볼 수 있다. 이는 우리에게 삶의 일시적인 것들에 대한 집착을 넘어서는 깊은 평화와 만족을 가져다준다.

종합하자면, 영원성과 시간적 개념의 관계에 대한 이해는 우리의 삶을 단순한 유한한 시간의 연속으로 보지 않고, 우리가 무한한 존재의 일부로서 살아가고 있음을 상기시킨다. 이 무한한 존재 안에서 우리의 모든 행동과 생각은 더욱 중요하고 의미 있는 것이 된다.

● 영원성을 시간과 연결하여 이해하는 방법

하지만 우리가 삶을 경험하는 방식은 시간적인 차원에서 이루어진다. 이 시간적 경험을 넘어서서 영원성을 이해하는 것은 우리의 인식을 확장하는 데 중요하지만, 이러한 이해는 일반적으로 반직관적이다. 영원성은 시간을 초월한 존재의 근본적인 상태로, 우리가 일상에서 경험하는 시간과는 근본적으로 다른 차원이기 때문이다. 나는 다음과 같은 두 가지 관점으로 시간의 개념을 이용해 부가적으로 영원성을 설명하고자 한다.

첫 번째는 영원성을 시간적 순간이나 기간과는 독립적인 것으로 보는, 시간을 초월하는 영원성에 대한 이해다. 이는 무한한 존재, 즉 '신' 또는 '자연'이 시간적 제약을 넘어서 존재한다는 것을 의미한다. 신의 본질은 변하지 않으며 모든 시간적 순간을 포함하고 초월하며, 이 관점에서 볼 때 영원성은 시간과는 별개인 불변하는 존재의 차원으로 이해된다.

두 번째 관점은 시간 속에서 영원성을 경험하는 것이다. 인간은 시간 속에서 영원성을 경험할 수 있으며, 이는 우리가 세계를 순수한 이성과 직관을 통해 이해할 때 발생한다. 이러한 이해는 우리가 시간을 초월하여 신의 본질, 즉 모든 것의 근원과 매 순간 연결되어 있는 것을 깨닫게 한다. 이런 의미에서, 영원성은 우리가 시간 속에서도 경험할 수 있는 깊은 인식의 상태이다.

이 관점을 통해, 우리의 삶이 시간의 흐름 속에서만 존재하는 것이 아니라 더 큰 영원성이라는 개념의 일부임을 이해할 수 있다. 우리는 강물처럼 시간 속에서 흘러가지만, 결국 우리의 존재는 시간을 초월한 영원성의 바다에 이르게 된다. 이러한 인식은 우리가 삶을 보는 방식을 확장하고, 일상적인 경험을 넘어선 깊은 이해를 가능하게 한다.

따라서 영원성을 시간과 연결하여 이해하는 것은 우리의 삶에 근본적인 변화를 가져오며, 우리에게 삶의 깊은 가치와 목적을 재해석할 수 있는 기회를 제공한다.

2.2. 영원성의 도덕적 측면

● 영원성과 도덕적 선택의 연관성

영원성의 영향은 단순히 존재론적 또는 형이상학적 차원에 국한되지 않는다. 실제로, 이것은 우리의 도덕적 삶에도 깊이 관여한다. 영원성에 대한 인식은 다음과 같은 일상적인 상황의 도덕적 선택에 영향을 미치는 중요한 요소가 된다.

첫 번째로 영원성에 대한 깨달음은 우리가 내리는 모든 결정과 선택에 더 큰 책임감을 가져오며, 우리의 행동을 더 주체적이고 의미 있는 방향으로 이끈다는 것이다. 이것은 우리의 행동이 단순히 현재의 순간에만 영향을 미치는 것이 아니라, 더 광대한 존재의 맥락에서 의미를 갖는다는 것에서 기인한다.

두 번째로 영원성에 대한 이해는 우리에게 행동과 의지가 가진 영향력의 범위에 대한 인식을 제공한다는 것이다. 우리의 행적은 단 한순간에만 작용하는 것이 아니다. 우리의 행동은 현재뿐만 아니라 시간을 초월하여 미래에도 지속적인 영향을 미친다. 이는 우리가 도덕적으로 의식적인 삶을 살도록 독려한다.

세 번째로, 영원성에 대한 이해는 도덕적 선택이 단순히 개인적인 이익이나 단기적인 결과에 기반한 것이 아니라는 것을 인식하게 한다. 우리의 도덕적 선택은 보이지 않는 상호 연결에 의해 조정되고 있다. 실체에 의한 본질적인 존재 방식에 따라 우리는 다른 존재에 의해 상당한 영향을 받아 행동하며, 이러한 행동 방식은 궁극적으로 세계에 긍정적인 도움을 주도록 행위에 압력을 넣는다. 그럼으로써 우리는 우리의 선택이 영원성의 맥락에서 어떤 의미를 가졌는지 고려할 수 있게 된다.

예를 들어 우리가 타인에게 친절을 베푸는 것은 단순한 선행이 아니라, 우리가 실체의 일부로서 영위하는 다양한 상호 작용에 의해 타자와 갖게 되는 연결성을 표현한 것이다. 이러한 행동은 우리의 선행이 결국에는 세계를 거쳐 우리에게 돌아올 것이라는 통찰을 제공하며, 이것이 곧 우주의 근본적인 질서와 선행이 조화를 이루는 방식이다. 이는 신과 자연의 일부로서 존재하는 우리의 행동이 더 큰 실체에 어떻게 기여하는지를 설명하며, 우리의 도덕적 판단을 더욱 깊고 폭넓은 것으로 만든다.

이러한 방식으로 영원성에 대한 이해는 우리의 도덕적 삶에 영향을 미친다. 우리는 우리의 선택과 행동이 자신을 넘어서 더 큰 존재와 연결되어 있음을 인식함으로써, 우리에게 더욱 의미 있는 삶을 살도록 독려할 수 있다.

● 영원성이 도덕적 삶에 미치는 영향과 의미

우리가 영원성의 일부로서 존재함을 인식하면, 우리의 도덕적 선택은 단순히 현재 순간에 국한된 것이 아니라, 더 광대한 존재의 맥락에서 의미를 갖는다. 이러한 인식은 우리에게 우리의 행동이 단기적인 결과를 넘어서, 영원한 실체에 어떤 영향을 미칠 수 있는지를 생각하게 한다.

영원성을 인식하는 것은 우리가 내리는 모든 도덕적 결정에 더 깊은 의미와 책임감을 부여한다. 우리의 행동은 단순한 개인적인 선택이 아니라, 우리가 속한 더 큰 실체와의 관계 속에서 이해되어야 한다. 이것은 우리가 타인과 세계에 대한 우리의 책임을 더 심각하게 받아들이게 만든다.

이러한 관점에서 도덕적 삶은 우리의 개인적인 선과 악에 대한 판단을 넘어서, 우리가 신과 자연의 일부로서 존재하는 방식에 대한 더 중대한 문제가 된다. 우리의 행동은 우리 자신뿐만 아니라 우리가 속한 공동체에 영향을 미치므로, 우리는 도덕적으로 의미 있는 삶을 살아가는 데 더 큰 의무감을 가질 것이다.

2.3. 인간 존재와 영원성의 조화

● 인간 존재와 영원성의 조화에 대한 탐구

인간 존재의 본질과 영원성의 관계를 이해하려 할 때는 필연적으로 이 개념들 사이의 조화에 대해 고려해야한다. 조화를 고려하지 않은 채 각각의 개념들을 따로 이해하는 것은 우리의 지식 체계에 큰 혼선을 주기 때문이다.

존재와 영원상 사이의 조화는 존재를 영위하는 것이 영원성의 개념을 훼손하지 않으면서도, 서로의 개념성을 강화하는 방식으로 공존하는 개념이다. 존재는 시간적 변수 하에 그 형태가 지속적으로 변화하는 것처럼 인지된다. 이는 영원성의 개념과는 상반되는 개념이다. 하지만 우리의 본질을 인식함으로써 인간 존재가 본질적으로 영원성에 포괄적으로 존재한다는 것을 인정할 수 있는 것이다.

영원성이 인간 존재를 품고 있다고 볼 때, 우리는 개인적 경험과 보편적 진리 사이의 교점을 발견할 수 있다. 예를 들어 사랑이나 정의와 같이 이상을 품는 개념들은 개인적인 인간 경험의 일부를 이루면서도 동시에 시간을 초월한 보편적 가치를 지닌다. 이는 인간 존재가 단순히 육체적 형태에 국한되지 않고, 보다 깊은 차원에서 영원성과 연결될 수 있음을 의미한다.

또한 인간의 정신적 측면에서 볼 때, 상상력이나 창조력과 같은 지적 행위는 우리를 시간과 공간을 넘어서는 경험으로 이끈다. 예술 작품을 통해 과거의 순간들이 현재에 생생하게 재현되거나, 미래에 대한 기대나 계획이 현재의 행동을 결정짓는 경우가 그 예다. 이러한 경험들은 인간 존재가 영원성에 접근할 수 있는 통로를 제공한다.

그렇기에, 인간 존재와 영원성 사이의 조화는 단순히 철학적 사색의 대상에 그치지 않는다. 이는 우리 각자가 삶 속에서 경험하는 실질적이고 생생한 현실이다. 우리의 일상적인 삶이나 추구하는 가치, 인간관계와 창조적 행위 모두가 이 조화로운 관계 속에서 의미를 갖는다. 따라서 인간 존재와 영원성의 조화에 대한 탐구는 우리 자신의 내면을 탐색하고, 우리의 존재가 지닌 깊은 의미와 연결되는 방법을 찾는 과정이라고 할 수 있다.

● 영원성을 향한 인간의 열망과 이해

인간이 영원성에 대한 깊은 열망을 가지고 있는 것은 우리의 본질적인 특성 중 하나이다. 이 열망은 열망에 대한 인식 여부와는 상관없이 기능하는 추동이다. 이는 우리가 단순히 유한한 존재에 머무르지 않고, 더 광대한 존재의 일부임을 깨닫고자 하는 내적 추구에서 자연적으로 비롯되는 것이다. 존재인 자신을 이해하고 표현하고자 하는 욕망은 우리의 본성에서 자연스럽게 발현된 것이기 때문이다.

열망은 영원성을 이해하도록 지속적으로 촉진하며, 결국 우리는 우리 자신과 우리가 속한 세계에 대해 더 깊은 인식에 도달하게 된다. 이러한 이해는 우리의 삶을 단순한 육체적 존재를 넘어서는 것으로 만들며, 우리의 존재를 더 큰 실체와 연결시킨다.

예를 들면, 나무는 자신의 생명주기를 가지고 있으며 일생 동안 지속적으로 성장하고 변화하는 특성을 지닌다. 하지만 한 나무만으로는 숲이 이루어지지 않는다. 많은 나무들이 모여 거대한 숲을 이루며, 이 숲은 외부의 자극없이 독립된 공간 안에만 있다면 시간을 초월하여 지속적으로 존재할 것이다. 하나의 나무가 죽더라도 생명의 순환 주기에 따라 숲은 계속 유지될 것이기 때문이다.

여기서 나무는 우리 인간의 존재를 나타내고, '숲'은 실체를 상징하며 영원성을 특성으로 가진다. 우리 각자는 시간의 흐름 속에서 변화하고 성장하는 '나무'이지만 우리 모두가 함께 이루는 '숲'은 영원하며, 이는 우리가 단순히 유한한 존재에 머무르지 않는 더 큰 실체의 일부임을 나타낸다. 이는 영원성에 대한 이해를 추구함으로써 자기 자신과 속한 세계, 즉 우리가 이루는 '숲'에 대한 더 깊은 인식에 도달할 수 있음을 시사한다. 이러한 인식은 삶을 단순한 육체적 존재를 넘어서는 것으로 만들며, 존재를 더 큰 실체와 연결시킨다.

영원성에 대한 이해는 삶과 행동이 단순히 현재의 순간에만 국한되지 않고, 더 넓은 맥락에서 의미를 갖는다는 것을 깨닫게 해준다. 결과적으로 우리의 삶을 더 의미 있는 것으로 만들며, 더 큰 존재의 일부로서 자신을 이해하도록 돕는다.

부록

- 스피노자 사상이 가진 가치와 후대 철학 사상에의 영향
- 스피노자의 주요 저작 소개와 해설

스피노자의 가르침

스피노자의 합리주의 철학은 17세기 유럽 계몽주의의 중심이었다. 스피노자의 사상은 독일 관념론 발전에 중요한 영향을 끼쳤는데, 특히 종교에 대한 그의 비판은 유대 사상가들 사이에서 많은 토론을 불러일으켰고 마르크스주의 철학자들은 그를 이념의 선구자로 여겼다. 그렇기에, 다양한 사회적 이념과 현대 사상과도 중요한 연관성이 있다. 이러한 다양한 영향력 때문에 스피노자는 오늘날에도 여전히 중요한 철학자로 인정받고 있다.

● 종교적 영향력에 관하여

스피노자가 가지는 가장 큰 이념적 영향력은 바로 성서 비평에 있으며, 이는 현대에도 큰 의미가 있다. 스피노자의 성서 비평으로부터 종교적 근본주의가 부상했으며, 많은 저자들이 전통 종교에 반대하는 입장에서 스피노자를 인용하며 책을 출판했기 때문이다. 스피노자는 성경을 인간의 기원을 가진 텍스트로 보는 최초의 사람들 중 한 명이다. 그는 성경을 문법, 의미론, 기원의 맥락, 작가의 의도 등을 통해 연구했는데, 그의 성경 해석은 단순히 비상식성과 해석학에 국한되지 않고, 이성과 상상력의 차이에 대한 그의 개념에 기반을 두고 있다.

　스피노자는 그의 저서에서 성경과 종교에 대한 성찰과 사회 구성에 대한 설명을 제공한다. 그는 성경의 서술과 언어가 사회적 관계의 문제에서 유익할 수 있다고 보았다. 이는 예언자와 경전이 사상을 전달하고 집단체를 결속시키는 역할을 함을 보여준다. 성경은 철학에 관심이 없고 인간이 모방할 수 있는 것만을 가르친다고 했는데, 이에 반해 스피노자는 철학적 상상력이 인간의 힘인 점을 인식하고 이러한 지식이 사회적으로 큰 효용을 가질 수 있다고 봤다. 그는 신학자들이 사변적인 문제에 대해 입법을 원하는 것을 비판하며, 종교적 신념이 철학적 관점에서 잘못되었을지라도 중요한 인간적 재화를 촉진할 수 있다고 주장했다.

　스피노자의 경전과 종교에 대한 해석에는 여러 층위가 있지만, 공통적으로 그는 성경을 순수하게 내적 종교적으로 해석하는 전통에서 벗어나려고 했다는 점에선 이견이 없다. 그는 영적인 권력과 세상의 권력들 사이의 동맹을 비판하고, 인간의 정신적 약함에 대해 다르게 해석했다. 주요 교리에 대한 과학적 조사를 기반으로 성경을 해석했는데, 동시에 스피노자는 기독교, 이슬람교와 같은 다양한 종교들의 차이점에 주목했고, 각 종교들의 특성을 분석했다. 스피노자가 성경이 아닌 다른 종교 텍스트들에 대해 많은 시간을 할애한 이유는 그가 히브리어, 아람어, 시리아어를 모두 읽을 수 있었기 때문이다. 그는 히브리어 문법에 대한 새로운 이론을 개발하려고 노력했다. 스피노자는 '모든 사람은 미신에 빠지기 쉽다'고 말함으로써 인류의 보편적인 존재에 대한 통찰을 제공했다.

모든 종교적 사고의 정치적 측면에 대한 스피노자의 관점은 오늘날에도 여전히 중요하다. 그는 '정치 신학'이라는 개념을 탐구했는데, 이것은 종교와 정치의 상호 작용을 의미한다. 스피노자는 초월적인 세계의 창조주와 인간의 강약에 대한 이해를 중요시했다. 특히, 스피노자의 연구는 경전과 종교에 대한 첫 번째 비판적이고 과학적인 접근이었다. 그의 신학-정치학에서는 역사적, 언어적, 심리적 접근을 통해 성서에 대한 철학적 통찰력을 결합했으며. 이러한 그의 생각은 신을 비인격적인 무한한 본성으로 보는 것에서 비롯되었다. 스피노자의 작품에서 경전에 대한 그의 비판적인 검토는 오늘날에도 여전히 중요하다. 그의 비판은 현대의 다양성과 복잡성을 간과하는 통념에 대해 경고한다. 스피노자의 지속적으로 현실을 넘고자하는 초월에 대한 추구는 기존의 계몽주의에 속한다고 할 수 있다. 따라서 스피노자는 계몽주의를 대표하는 인물로 여겨지며, 오늘날에도 그의 작품은 계속해서 영향력을 발휘하고 있다.

● 정치적 영향력에 관하여

스피노자의 정치적 권위와 종교적 권위의 분리적 개념은 민주주의 국가의 탄생에 핵심적인 영향을 미쳤으며, 이는 그의 정치적 주권 개념과 잘 조화된다. 스피노자는 개인의 권리가 그들의 힘의 범위에 의해서만 제한된다고 주장했는데, 이는 개인뿐만 아니라 정치적 집단에도 적용된다. 스피노자의 윤리학은 이런 개념을 바탕으로 인간의 능력과 한계에 대한 통찰을 제공한다.

스피노자의 사상에서는 개인과 국가 모두 자신의 힘의 범위 내에서만 실제적인 권리를 가질 수 있다. 이러한 관점은 자연과 인간의 투쟁 사이의 상호 작용을 드러내며, 인간의 능력과 한계에 대한 중요한 통찰을 제공한다.

스피노자는 민주주의의 개념에도 영향을 끼쳤다. 그는 대중에 대해 비판적인 시각을 가지고 있었으나, 그것이 오히려 민주적인 정권을 요구하는 이유가 되었기 때문이다. 스피노자는 대중이 미신과 열정에 의해 쉽게 조종될 수 있다고 보았으며, 이러한 점 때문에 그는 대중을 지배하는 데 필요한 통치 체제에 대해 심도 있는 고민을 했다. 그의 사상은 마르크스주의 철학자들에게도 매력적인 요소를 가지고 있었는데, 이는 인간 사회에 대한 그의 역사적이고 자연주의적인 설명, 종교에 대한 그의 비판, 그리고 상상력의 역할에 대한 그의 제안 때문이다.

자유에 대한 스피노자의 개념은 필요성에 반대되는 것이 아니라, 필요성을 자유의 조건으로 간주한다. 이는 자유가 개인의 욕망을 포함한 모든 것을 결정하는 원인을 이해할 수 있는 능력

스피노자의 가르침

임을 의미한다. 스피노자의 이러한 접근방식은 자연과 인간의 투쟁 사이의 상호작용을 드러내며, 인간의 능력과 한계에 대한 중요한 통찰을 제공한다.

스피노자의 철학에서 개인의 권리가 그들의 힘에 의해서만 제한된다는 개념은 그의 정치적 주권 이론과 밀접하게 연결되어 있다. 그의 견해에 따르면, 개인은 자신의 힘이 허락하는 한도 내에서만 행동할 수 있는 권리를 가진다. 이러한 견해는 국가의 법률과 헌법 내에서 개인이 일정한 자율성을 가지는 것과 맞닿아 있다. 스피노자의 정치철학은 개인의 권리와 권력이 상호 의존적이라는 점을 강조하며, 이것은 국가 내에서만 실질적인 권리를 가질 수 있다는 것을 의미한다.

부록 2 : 스피노자의 주요 저작 소개와 해설

1. 에티카(Ethics)

스피노자(Baruch Spinoza)의 '에티카'('Ethics')는 그의 가장 중요한 철학적 저작 중 하나로, 현대 윤리학과 철학에 큰 영향을 미친 작품 중 하나이다. '에티카'는 기하학적인 체계로 구성되어 있으며, 스피노자의 철학적 체계를 체계적으로 전개하고 그의 철학적 주장을 제시하는 데 사용된다.

● 기하학적 체계의 구성
"에티카"는 기하학적인 형식을 따라 구성되어 있다. 총 5권으로 구성되며, 각 권은 명제(Propositions), 스콜리움(Scholia, 주석), 정의(Definitions), 공리(Axioms), 등식(Postulates) 등의 요소로 이루어져 있다. 이러한 체계적 구성은 스피노자의 철학을 엄밀하게 전달하기 위한 목적으로 사용되었다.

● 신의 본질
'에티카'의 중심 개념 중 하나는 신의 본질에 대한 이해이다. 스피노자는 신을 자연 현상과 동일시하며, 모든 것이 신의 일부로서 존재한다고 주장한다. 이러한 관점은 그의 범신론(pantheism) 이론의 핵심이며, 모든 존재체가 신적인 본질을 가지고 있다고 보는 것이다.

● 인간의 자유와 정리

스피노자는 또한 인간의 본질과 자유에 대한 이해를 제시한다. 그는 인간이 신의 본질을 이해하면서 자유를 얻을 수 있으며, 이러한 자유를 통해 우리는 정리(reason)를 향해 진화할 수 있다고 주장한다. 정리는 스피노자에게 도덕적 행동과 옳은 삶의 지침을 제공하는 데 필요한 능력이다.

● 인간의 도덕과 정치

스피노자는 인간의 도덕과 정치에 대한 관점을 다룬다. 그는 도덕적 가치를 신의 본질과 일치시키며, 도덕적 행동은 자연의 법칙을 따르는 것으로 정의한다. 이러한 철학적 관점은 개인의 도덕적 삶과 사회적 조직에 대한 철학적 토대를 제공한다.

2. 신학정치론(Theological-Political Treatise)

스피노자(Baruch Spinoza)의 '신학정치론'("Theological-Political Treatise")은 그의 중요한 철학적 저작 중 하나로, 1670년에 발표되었다. 이 책은 종교와 정치에 대한 철학적인 주장과 논의를 다루며, 스피노자의 혁명적이고 도전적인 아이디어를 제시하고 있다.

● 종교의 자유와 비판
먼저 '신학정치론'에서 스피노자는 종교의 자유를 강조하며, 종교의 국가에 대한 통제에 대해 비판한다. 그는 종교가 개인의 신념과 신앙에 대한 문제로 간주되어야 하며, 국가나 정부의 간섭을 받지 않아야 한다고 주장한다. 이는 그의 시대에는 반론될 수 있는 고전적인 주장이었다.

● 세속적 공공생활과 종교의 분리
스피노자는 정치와 종교를 분리하고 세속적인 공공생활과 종교 활동을 독립적으로 존중해야 한다고 주장했다. 이는 나중에 현대 민주주의 철학의 기초가 되는 개념 중 하나가 된다.

● 성서 해석과 비판

스피노자는 또한 성서 해석과 관련된 문제에 대해 비판적으로 논의하였다. 그는 성서를 역사적인 문서로 간주하며, 종교적 신념과 철학적 분석을 분리해야 한다고 주장하였다.

● 종교 교리와 도덕성

스피노자는 종교의 교리와 도덕성 간의 관계에 대한 논의를 다룬다. 그는 종교적 신념이 도덕적 행동과 별개로 다뤄져야 하며, 종교의 목적은 도덕적 삶을 유도하거나 지원하는 데 있어야 한다고 주장하였다.

"신학정치론"은 그 당시에는 논란을 일으키는 중요한 작품으로, 종교와 정치 사이의 관계에 대한 혁신적인 시각을 제시했다. 이 책은 종교의 자유와 국가의 세속성을 강조하며, 스피노자의 사상이 현대 민주주의 철학과 종교적 다양성에 대한 관점을 형성하는 데 영향을 미쳤다.

3. 데카르트 철학의 원리(Principia philosophiae cartesianae)

스피노자(Baruch Spinoza)의 저서 '데카르트 철학의 원리'('Principles

of Cartesian Philosophy')는 그의 초기 철학 작품 중 하나로, 레네 데카르트(René Descartes)의 철학을 해석하고 확장하는 목적으로 쓰여졌다. 이 작품은 스피노자가 데카르트의 이론을 다루면서 그 자신의 철학적 관점과 주장을 제시하는데 사용된다. 이 책은 데카르트 철학의 주요 원리와 스피노자의 비판, 수정, 발전된 관점에 대한 해설을 제공한다.

● 데카르트 철학의 기본 원리 해석

스피노자는 '데카르트 철학의 원리'에서 데카르트의 주요 원리 중 하나인 "나는 생각한다, 고로 나는 존재한다"(Cogito, ergo sum)를 다룬다. 그는 이 원리를 받아들이며, 인간의 존재가 인간의 생각과 의식에 뿌리를 두고 있다고 주장하였다.

● 자연 철학과 메타물리적 원리

스피노자는 데카르트의 자연 철학과 메타물리적 원리를 다루면서, 데카르트의 물리학과 자연과학에 대한 관점을 확장하고 수정한다. 그는 자연 현상의 원인과 효과, 공간, 운동에 대한 새로운 해석을 제시하며, 이를 자신의 범신론(pantheism) 관점과 연결한다. 스피노자는 신이 자연의 본질에 내재하고 있는 것으로 생각하며, 이것이 그의 철학적 이론의 핵심 개념 중 하나이다.

● 인간의 윤리와 도덕

스피노자는 데카르트의 인간에 대한 도덕적 관점을 고려하며, 데카르트의 인간 본성 및 윤리적 판단을 다룬다. 그는 데카르트의 '자유의지'와 '종교적 도덕'을 수정하면서, 도덕적 책임과 행동의 원리에 대한 자신의 관점을 제시한다.

4. 지성교정론(Tractatus Theologico-Politicus)

스피노자(Baruch Spinoza)의 '지성교정론'('Tractatus Theologico-Politicus')은 그의 철학적 작품 중 하나로, 1670년에 출판된 중요한 저서이다. 이 작품은 종교와 정치에 대한 철학적 주장과 논의를 다루며, 스피노자의 혁신적인 아이디어를 제시하고 있다.

● 종교의 자유와 비판

'지성교정론'에서 스피노자는 종교의 자유를 강조하며, 종교의 국가에 대한 통제에 대해 비판한다. 그는 종교가 개인의 신념과 신앙에 대한 문제로 간주되어야 하며, 국가나 정부의 간섭을 받지 않아야 한다고 주장한다.

● 종교의 비판적 해석

스피노자는 '지성교정론'에서 성서와 종교 교리에 대한 비판적 해석을 제시한다. 그는 종교적 신념을 비판하고 성서의 역사적 해석을 강조하며, 종교적 교리와 철학적 분석을 분리해야 한다고 주장하였다.

● 정치와 종교의 분리

'지성교정론'에서 스피노자는 정치와 종교를 분리하고 세속적인 공공생활과 종교 활동을 독립적으로 존중해야 한다고 주장한다. 이는 나중에 현대 민주주의 철학의 기초가 되는 개념 중 하나가 된다.

● 종교적 다양성과 자유

스피노자는 종교적 다양성을 인정하며, 각자의 종교적 신념을 자유롭게 실천할 수 있는 권리를 옹호했다. 이러한 다양성과 자유는 종교적 갈등을 완화하고 종교적 다양성을 존중하는 데 도움을 주었다.

"지성교정론"은 스피노자의 시대에는 매우 많은 논란을 불러일으켰지만, 종교의 자유와 국가의 세속성을 강조하며 스피노자의 사상이 현대 민주주의 철학과 종교적 다양성에 대한 관점을 형성하는 데 큰 역할을 했다. 이 작품은 종교와 정치 사이의 관계에 대한 혁신적인 시각을 제공하며, 철학, 종교, 정치에 대한 논의를 이어가는 데 중요한 출발점이 되었다.

스피노자의 가르침 : 위대한 철학자의 독백

1판 1쇄 발행 2024년 2월 16일

지은이 팀 구텐베르크

편집 김해진 **마케팅·지원** 김혜지

펴낸곳 (주)하움출판사 **펴낸이** 문현광

이메일 haum1000@naver.com **홈페이지** haum.kr

블로그 blog.naver.com/haum1007 **인스타** @haum1007

ISBN 979-11-6440-540-4(93160)